魔法防禦術

★除咒、護盾、逆襲，打開個人能量護罩★

PROTECTION & REVERSAL MAGICK

A WITCH'S DEFENSE MANUAL

傑森・米勒 Jason Miller 著　　Sada 譯

免責聲明

這是一本用於超自然、魔法和精神攻擊情境的魔法書。在某些情況下，這類超自然攻擊還伴隨著心理與醫療問題。有時也有一些人雖然遭遇嚴重苦難卻心理正常，便將他們的疾病歸因於魔法。我想要完全清楚地表示，本書中任何的法術都不能取代醫學和心理學專業人士的治療。我再怎麼強調這一點都不為過。

同樣的，儘管某些保護與逆轉魔法的技巧可能證實在日常跟蹤和肢體暴力威脅的情況下有效，但它們不應該取代警察和其他有關單位的干預。

書中有許多關於薰香、地板清洗、咒語和獻供的配方和準則，需要用到各種植物、礦物和動物材料的試劑。這些大多數是無害的，而雖然有一些具有傷害性，但沒有一個配方會用上你能吃的東西。

最後一點，這是容易失控的魔法，意味著它會用在可怕和危險的情境中。若你嘗試使用本書中的魔法來自助或助人，那麼你應該準備好接受自己行為的後果。

獻給我美麗的新娘

目錄

【譯者導讀】

原來魔法可以這麼輕鬆有趣！

許多魔法書時常強調儀式的安全性，然而本書反其道而行，直接戳破一個事實：神祕學商店販售的黑魔法書籍往往最暢銷！所以如果只會白魔法，不懂得黑魔法的原理，那麼只是一個半吊子的魔法師。不僅是傑森．米勒（Jason Miller），精通魔法知識的神祕學大師朗．米洛．杜奎特（Lon Milo DuQuette）也曾經說過，眞正的魔法師連黑魔法也要了解。

因此當你是一個魔法的鐵粉，該從哪一本書下手呢？我想，新時代系統的書籍還是比不上魔法專門戶直接一針見血讓新手小白秒懂魔法罩門，要不然啃著厚厚一本儀式魔法、威卡魔法專書，魔法初心者們可能要煩惱到頭髮掉光囉！因爲上面通常是複雜而冗長的準備流程，對於新手來說，會有學習上的壓力。

在跟傑森．米勒學習之前，我也學過能量療癒技巧，但是在實際操作上，真的有許多不可思議的層面，無法用現代的身心靈知識去處理。比如，我有個同學曾經遇到一個長不出頭髮的個案，他說自從某日在理髮院抱怨了美髮師的手藝，隔天他的頭髮便持續掉落，而且是迅速掉光！即使我的同學身經百戰，她也無法破解詛咒，不曉得該怎麼療癒，只好按照往常的清理能量順序做完，此事也就不了了之。

我的能量療法老師雖然提過如何防禦，但是在閱讀傑森．米勒的這本書之前，千萬不要說你很懂逆轉黑魔法的方法，他用最簡單易懂的方式，引領許多對魔法感興趣的朋友了解魔法攻擊，這也是他最暢銷的一本書了。

傑森．米勒曾經到東方取經，也跟西方的魔法大師學習，是真正有實戰經驗的練家子，但不會固守儀式魔法以及其他教導的思路限制，總能在書中不時閃現他的智慧光芒。如果你想要學習魔法，那麼你一定要藉由一位身經百戰的優秀導師來引導你的學習途徑了。

其實這本書已經用非常精簡的方式將保護自己、保護他人、保護場域的法術都儘可能囊括其中，並且省略了很多理論（如果是朗．米洛．杜奎特，肯定是一番精采的長篇討論，新手八成會感到頭大）。然而對於新手來說，我覺得依然有必要給予一些簡單的建議，便斗膽向編輯毛遂自薦，想爲讀者們做個簡單的介紹。

掌管黑魔法的黑卡蒂女神

首先，本書的主要架構是做簡單的攻擊模式拆解，然後以傑森．米勒傳授的黑卡蒂女神課程爲中心，把他的祈禱文分享給讀者。這對於華文世界的讀者而言稍嫌吃力，卻又是必要的，因爲當你遇上魔法攻擊，一定要有一個強大的靠山來挺你，他挑選的黑卡蒂女神本身就是巫術女神，也是黑魔法的掌管者，相當適合這本書的主題。

作者在這裡顚覆了許多魔法界的概念，爲黑卡蒂女神重新正名爲光明之神。在古代，黑卡蒂女神有點像門神，祂掌管了十字路口，代表性的供品甚至包含了大蒜，古代人相信如果在十字路口獻祭大蒜便可驅邪。但爲什麼又說像門神呢？有些商家會把黑卡蒂女神供奉在小店門口，每日開張就會先來祈禱一番，所以，祂原本就是萬事可求的女神，連順產也是祂管的。

此外，作者也用了胡督魔法和元素魔法的概念，所以本書比較偏向實際應用方面，而非理論派。

怎麼唸本書的禱文？

本書中的祈禱文/咒語並不多，但是有可能對新手來說會有點吃力，因爲不知道裡面提到的人物是誰，前面幾章可能解釋過了，但後面不小心又忘掉，祂們的名字眞的是霹靂無敵長啊！

在此，我的建議是大家可以上網去找些圖片，增加想像力，這固然有點麻煩，但是會更有效。若是讀者本身英文底子不錯，可以大膽唸誦原文，並且用 google 翻譯去找出正確發音，這是我發自肺腑的建議。之前學習傑森．米勒的課程，我常常會由於那滿坑滿谷的希臘文而感到壓力山大，但是祈禱文就是要這樣才夠力。

唸誦祈禱文的方式，必須要鏗鏘有力，而非照本宣科，即使裡面的內容有點中二病，但就是要這麼中二才有fu啊！能量才會強大，如果你唸的是原文，那就不用擔心有人聽得懂了（笑）。

倘若你的英文不好，那也沒有關係，秉持著抑揚頓挫的腔調去唸誦祈禱文，效果也是不錯的。

儀式可以本土化

對於華文世界的讀者來說，書中提到的一些魔法藥草不容易買到，不然就是價格比較高，如果想要購買的話，可以上網搜尋「西洋草藥」之類的關鍵字，但如果眞的買不下去呢？可以去找本地的植物，讓你有產生類似聯想的植物都可以。

比如書中提到的「魔鬼的鞋帶」就不太好買到，如果你改用藤蔓類的植物也是可以的，因爲這是取其意象；也或者可去購買該類植物的精油作爲代替，至少性質是類似的。

網路上也有一些商店販售進口的胡督魔法粉，比如熱足粉，不是非要自己親手製作才可以施術。現在網路是很發達的，只要好好用心搜尋，可以上網買到許多材料。若你習慣上網買海外的東西，便可以買到更多的材料了。

但作者有一些儀式就不一定適合讀者當地的時空了，比如去採取墳土或是委託墳墓的主人，華人讀者多少會有點抗拒，建議斟酌使用作者的方法，以免引來不必要的麻煩。

適時加入觀想可以加強效果

在本書中，作者並不會加入太多對於祈禱文的解釋，這可能是考量到字數的緣故。當讀者在觀想著「鴿子降落、巨蛇升起」，並不是真正在想一隻鴿子和一條蛇，古代的祈禱文有許多都帶有著隱喻，不了解的人會容易誤會，畢竟，想一隻鴿子可能還可以做到，但想了鴿子又得想一條蛇，祈禱文中四方的神靈又是你不認識的，於是唸祈禱文變得辛苦起來。

對於想像細節有困難的人來說，可以都想成是一道白光。下降的白鴿代表從上帝那裡來的生命連線，經過我們的靈魂一直到肉體，貫穿到地心。升起的巨蛇是我們脊椎的昆達里尼能量，那是大地的能量、生命的原初之力。當你觀想牠們兩者都是光的時候，會把你的氣場撐大，增加厚度，這才是祈禱文真正的影響，可不要看到太多奇怪的字而嚇傻了。

如果你覺得觀想那麼多位神明太困難了，無論是唸誰的名字，你都想成是一道光出現在特定的位置，也是一種滿好的替代方案。

關於人造靈

眼尖的讀者在大略翻閱本書之後，可能會對人造靈的相關資訊感興趣，作者在另一本關於性魔法的書略有描述，雖然人造靈在魔法界並不陌生，但穩定度就很難說了。

一般來說，西方魔法界傾向在完成任務之後要求人造靈自動銷毀，但東方的人造靈系統，如泰國就有幾百年的傳承。作者在本書中只是略爲描述人造靈的作用，但在沒有老師指導的情況下，有一些儀式還是不要輕易嘗試哦！

希望你們會喜歡這本書的內容，並且大有斬獲。

譯者 Sada

於二〇二二年三月二十三日

【作者序】

關於本書魔法的建議

本書的企圖是超越目前充斥書架上的「入門書」。雖然我們假設讀者已經對巫術和魔法有一點認識，但我還是想花點時間來定義一些術語，並且談談書中對於施展魔法的方式，而這可能跟你所熟悉的有所不同。

首先我要澄清的是，這是關於防禦性巫術的一本書，而不是威卡教（Wicca）的書。雖然許多人交替使用術語，巫術包含了一個更廣泛的光譜，而不僅僅是威卡教，巫術可以被視爲一種特殊類型的宗教法術。正如我們在本書中使用的術語，巫術是一門技藝，它意味著一種實用的法術和神祕主義，在它的實踐上包含了冥界、月亮、女性等等的元素。如同英國神祕學家羅伯特．科克倫（Robert Cochrane）被問到何謂巫師時，他說道：

如果一個自稱是巫師的人能執行巫術工作，他們可以召喚靈體，靈體就來；他們可以轉熱爲冷、轉冷爲熱；他們可以用樹枝、手指和小鳥來占卜吉凶；他們可以宣稱神諭並且實現它們；他們可以穿越迷宮與冥府的忘川之河……如果他們能做到這些事，那你就有了一個巫師。①

這本書當中的法術當然適用於威卡教徒和異教徒，但儀式魔法師、根源工作者❶或是任何採納巫術基本原則的人都可以輕易運用它。

爲了避免重複那些已經被反覆解釋的古老儀式，我儘可能地讓本書中的咒語和儀式成爲原創。也就是說，我接受過來自世界各地的傳統魔法訓練，許多人會辨認出我的儀式來自什麼傳統的根源。這是一本關於實用魔法的書，所以我並未刻意專

編按：○為原註；●為譯註。

① 來自羅伯特．科克倫寫給魔法師威廉．格雷（William Gray）的第八封信。

❶ 使用胡督魔法的人。

注在某一種傳統而排斥另一種傳統。因此，你會發現來自於非裔美國人的胡督魔法，還有一些來自歐洲民間的魔法，以及來自喜馬拉雅譚崔巫術的魔法。無論是魔法還是機械，技術畢竟是技術，有效就是有效。如同英國儀式魔法師阿萊斯特·克勞利（Aleister Crowley）說過的：「成功就是你的證明。」爲了在各自的文化背景下尊重這些傳統，我鼓勵你查看附錄一中的資料來源，以便進一步研究。

最後，我把這個作品獻給擁有不同形貌的黑卡蒂女神。大部分的法術和咒語都會召喚祂或是與祂相關的靈體。這些詠唱的咒語可以更變或替換，以適應個人的配置、喜好及傳統，而不會改變咒語的整體性。有些人喜歡押韻的兩行詩，有些人則覺得這很傻氣。有些人會被拉丁文和希臘文的咒語所打動，有些人則堅持只用英語持咒。要把這些儀式當作一個基礎，讓它們爲你所用。在這麼做的過程中，你正在參與貫穿古今的奸巧男人❷與聰慧女人眞正的傳統，這使得巫術成爲一種動態的傳統，而非靜態的陳腔濫調大集合。

❷在 Netflix 的影集《莎賓娜的顫慄冒險》（Chilling Adentures of Sabrina）中，「奸巧」這個字眼對應英文詞彙 cunning，象徵巫師的神祕直覺能力。

【前言】

練習適當魔法防禦術的必要

我們活在一個危險的世界。先不談魔法和巫術，無論風險有多小，我們做的每一件事都有風險。每次你站在汽車後面，或是去一個新地方旅行，或者讓一個陌生人曉得你住在哪裡，你都在與風險調情。除了少數偏執的例外，我們大多數人都接受了這些風險，繼續過我們的日子。我們能夠做到這一點而不害怕的原因，是我們採取了合理的預防措施。我們繫好我們的安全帶，學會批判別人，也曉得如果必要的話要怎麼去聯絡別人。這個世界很危險，但我們處理得來。

某些職業和活動會增加你生活中的風險。警察或是跳傘運動員過著比上班族更危險的生活。他們採取額外的預防措施來處理他們職業的特定危險。在某些情況下，例如警察，他會幫助有需要的人去處理自己遇到的危險。

魔法師或巫師的道路也有自己的危險。保羅．胡森（Paul Huson）在他的著作《精通巫術》（*Mastering Witchcraft*）中警告道：「當你踏上巫術之路的那一刻，一個看不見的世界就會響起召喚，宣告你的到來。」並不是所有聽到這個召喚的人都會把你的最大利益放在心上。爲了使主流文化更能接受巫術，許多關於巫術的現代書籍都沒有提到任何風險，或者假裝根本沒有危險。若你是少數眞正超越了讀書和參加節慶，並且弄髒你的雙手去實踐巫術的人，你肯定會發現你的實踐當中有一些問題，而去防禦那些一直不利於你的神祕力量是有必要的。事實上，我認爲魔法和心靈攻擊比很多人想像的要頻繁得多。

你不僅必須要處理針對你的異教、心靈和靈界攻擊，同時也要像個警察一樣——一個巫師有時還會被叫來調解這些代表其他人的力量。保護者和驅魔師的角色是魔法師最古老的社會角色之一，並在今天的傳統文化中發揮作用。我注意到「奸巧男人」和「奸巧女人」這兩個詞，今日正在某些巫術領域復興。有趣而有點諷刺的是，歷史上的奸巧人物實際上是跟巫術槓上的！當然，他們會發現並挖掘出的「巫術」並非特定宗教的結果，比如威卡教，而是任何類型的靈界、靈體或是魔法上的攻擊。對於感覺到被女巫之錘盯上的人來說，他或她會訓練有素地施展法術。這些奸巧的男女們，本身就是貨眞價實的正港巫師了。他們雖然不一定是異教徒，卻是民間巫術與儀式魔法的實踐者。

我相信，辨識、防禦和逆轉超自然攻擊的能力，對於今日的女巫與術士而言，就像對於古時候的巫師一樣重要❸。以前從來沒有這麼多的魔法和神祕學知識能讓大眾唾手可得。以前從來沒有這麼多跌跌撞撞的人漫不經心地進入一度被嚴密守護的神祕學工作裡頭。雖然一些導讀類型的書籍認爲神祕學的危險很少，魔法攻擊也很罕見，但經驗告訴我，情況並非如此。無論是我們自己的魔法失誤造成的障礙，還是來自糾纏不休的靈體干擾，抑或是來自其他魔法師和巫師的蓄意攻擊，我發

❸古代有超能力的人也算是巫師。

現，魔法攻擊發生的頻率甚至比大多數神祕學家所意識到的還要更多。事實上，身爲職業術士，許多需要魔法防禦的人聯繫我，他們自己都是某一種或另一個領域的魔法師及巫師，而他們根本不曉得自己會遇到一個無法靠正向思考和幾道畫在空中的五芒星擺脫的問題。

我們注定要做不同的事情。在我研究神祕學和學習魔法的這些年裡，對我來說，我命運的一部分，或者說因果，顯然包含著幫助他人抵禦魔法攻擊與靈擾。早在我公開我的服務之前，人們就向我尋求這類問題的協助了。正因如此，我把研究驅魔、逆轉魔法、防禦和反轉每一個我遇到的魔法系統當作一個重點，從歐洲的巫術和高階魔法，到喜馬拉雅譚崔、到老派的美國胡督魔法。

我曾經遭遇魔法攻擊，知道它們可以導致妄想、沮喪與恐懼；而當我認爲出現了合理的理由，我也會對別人施加詛咒，並讓他們走霉運，所以我知道攻擊者的心態，以及使用攻擊性魔法的後果。我獲得這些知識並不是沒有代價的，而且我預期到分享這些知識會有代價，雖然我還不曉得會是什麼代價。

我並不是說每個人都需要專研這方面的巫術，我當然不想讓任何人對於潛在危險過於偏執，但是如果你練習魔法的話，你應該能對攻擊做出適當的防禦，並且處理出現的問題。如果我能提供這方面的知識，那麼我就實踐了我的目的。

正如古埃及魔法師所說的：「Cheper en emdo jen, shesep en heka-o jen.」（願你的話應驗，願你的魔法閃耀！）

1

辨認攻擊模式

攻擊的來源

由於這本書跟魔法防禦有關，第一個必須回答的問題是：「我們在防禦誰或我們在防禦什麼？」根據我的經驗，神祕的攻擊與阻礙情況通常來自以下四個來源之一：(1) 被冒犯的靈體對冒犯行爲的報復；(2) 人們在還沒準備好的情況下跌跌撞撞進入能量場域，並且受到他們環境的負面影響；(3) 在我們的神祕學儀式練習中失誤或是違背誓言；(4) 來自其他巫師的攻擊。

被冒犯的靈體

人類在這個世界上並不孤單。地球是一個有生命的有機體，而許多傳統文化認識到所有的空間都滲透著意識和能量。如果我們以一種輕率和任性的方式生活在我們的環境中，我們便可能會跟與我們共享空間的各種智慧生命及靈體發生衝突。我們的世界是重疊的，雖然我們無法輕易感知彼此的存在，但我們確實彼此影響。透過焚燒與傾倒垃圾、在河流和湖泊築壩、建造城市、以及其他破壞自然環境的行爲，我們冒著觸怒這些靈性存有的風險。原住民文化中的傳統醫學和薩滿教，有很大一部分是針對這些靈體引起的疾病。

我住在尼泊爾的時候，有一個熟人得了莫名其妙的嚴重疾病。醫院不曉得他是怎麼回事，便建議他去看藏醫。醫生發現，在一次健行中，他在一個特定的水池裡沐浴，因而惹惱了一群「納迦」（Nagas）——靈界的巨大蛇靈。醫生給了他一些治療這些症狀的藥，但除了治療這些症狀外，對他來說更重要的是，他得驅離這些靈體，他要供奉祭品並請求這些靈體的寬恕。他照辦了，接下來他很快就好多了。由於靈體是由能量和意識組成的，祂們可以在那些微妙的層面上影響我們，並將影響力滲透到我們免疫系統與神經系統的物理層面。祂們也會影響我們的情緒與思路。例如喜瑪拉雅山有一群叫作「加爾波」（Gyalpos）的靈體，祂們喜歡刺激的仇恨與憤怒，並被視爲引發幾場戰爭的原因。

雖然現代世界並沒有意識到這些危險，但所有的魔法典型都有應對它們的辨法。有別於亞洲與非洲部落薩滿巫師的神靈，古代歐洲的巫師就像中世紀儀式魔法的魔典一樣，他們還為抵抗來自靈體的侵犯而開出了一大堆方子。例如在《所羅門的遺囑》（*The Testament of Solomon*）中就有這些辦法，它是許多著名魔法書的基礎；又如在《蓋提亞書》（*Goetia*）中，我們得到了一個導致各種疾病的惡魔名單，以及驅逐祂們的天使力量：

所以我問祂們一個問題：「祢的稱謂是什麼？」第一位說：「主啊，我叫魯亞斯（Ruax），我使人們的頭承受痛楚，又叫他們的額角顫動。但只要讓我聽到一句：『米迦勒，囚禁魯亞斯』，我就立刻撤退。」

第二位說：「我叫巴沙發伊（Barsafael），我叫那些住在我時區內的人在頭的兩旁有痛楚。只是當我聽到：『加百列，囚禁巴沙發伊』，我便立刻退避。」

第三位說：「我被稱爲亞道沙爾（Arôtosael）。我給眼睛造成很多傷害。只是當我聽到：『烏利爾，囚禁亞道沙爾』，我就立即撤去。」

超自然磁場

有鑑於我們在日常生活中可能惹怒靈體，當我們偶然發現有大量神祕力量聚集之地或是遭作祟的靈體糾纏時，這個問題就會變得非常複雜。由於現代世界大幅地切斷了我們天生的靈感應力，大多數人在這些地方閒逛的時候並未注意到任何異常。然而，一些對於這些能量有點敏感的人會發現，在某些地方與環境中，靈感應會以一種令人不安的劇烈方式增強，因此我們就有了第二種能量攻擊來源——超自然磁場。有許多關於人們在靈體專屬的地方被「觸碰」的故事。如果一座美麗的寺廟或一圈樹木可以用它們的力量影響我們，那麼我們也有理由認爲某些地方會以相反的方式觸動我們、擾亂我們的能量，讓我們接觸到邪惡的力量。

這些地方可能天生能量就很強大，因爲地域性的靈體聚集了能量，比如在龍脈（ley-line）連結或是精靈之丘（fairy mound），但它們也可以由於人類的行動而賦予能量，比如古老的聖地、墳場，或是曾經發生某件強烈刺激情緒事件的場域，好比謀殺、性侵或者是很久以前進行的降神會。無論這種潛能的原因是什麼，這些地方都能刺激在此消磨時光者的超感應力量。如果沒有訓練和指導，這種意識上的驟變將會使人驚嚇，並且讓人容易受到他們甚至不知其存在的力量所傷害。即使這股力量是善良的，這種意識的切換也可能難以應付。

倘若普通人由於無意中冒犯了看不見的世界，而在不知不覺中受到靈體以及「因這次冒犯而觸動的力量」影響，那麼我們就有理由認爲，當巫師與看不見的世界脫離聯繫時，更是經常面對這樣的危險。不同的是，巫師有能力做點什麼！有一句巫術的老話警告道：「別召喚你處理不來的靈體。」這個建議的問題是，你很難弄清楚你到底可以處理得來什麼靈體，除非你有機會去召喚祂。我們可以透過不召喚任何東西來保證安全，但大多數神祕主義者透過發現自己的極限並且超越極限，來尋求知識與力量的增長。

儘管在某些浮士德類型的巫術中，比如召喚與死靈術都蒙受汙名，但重要的是要知道，即使是常見的法術，比如畫魔法圈、水晶球通靈、占卜以及提升力量，都可以照亮星光界，使我們更容易被微細身國度的居民注意到❹。這反倒又增加了一些機會，使我們在遭遇的其他生命體當中，更容易吸引邪惡或有害的能量。當然，你使用巫術的技巧愈先進，愈具有實驗性，出錯的可能性就愈大，但有些人甚至在做非常基本的工作時也會遇到問題。事實上，經驗告訴我，一些有情感問題和精神疾病的人用魔法來尋求幫助解決他們的問題，結果卻發現即使是最基本的驅逐儀式，問題也會惡化。

❹由於作者有藏密的傳承，所以這裡說的是靈界的某個領域。

打破巫術的誓約

除了經驗之外，我們自己施術時還有另一種對我們不利的情況，那就是打破巫術的誓約。在點化、自我賦能儀式中所做的誓約，甚至是在正式儀式之外向神和靈體所做的單獨承諾，如果被打破了，都會反彈到我們身上，成爲一種攻擊。舉個我自己生活中的例子，當我只有十七歲時，透過唐納德·邁克爾·克雷格（Donald Michael Kraig）出色的教科書《現代魔法》（*Modern Magick*）做練習，而我決定該是到了施展他的「魔法義務儀式」的時候了，這是一個基於黃金黎明協會（Hermetic Order of the Golden Dawn）的小行者誓約（the Oath of an Adeptus Minor）。在義務中，我發誓要做幾件事，其中包括承諾不向非專業人士展示我的法器、不撒謊、不散布謠言。在我年輕的時候，我當著眾神與靈體的面許下了這些承諾，但很快的我就食言了。在承擔義務的幾天後，我在工作中第一次對老闆撒謊，那一刻我就感受到了這種負面影響。我的咒語有一段時間發揮不了作用，我發現它顯然缺乏生命力。爲了解決這個問題，我又舉行了一個道歉與獻祭的儀式，放棄了之前的誓言。我並不想詆毀宣誓的實踐。從那時起，我已經宣誓了幾個巫術誓言，無論是獨修還是在不同的團體，遵守這些誓言使我獲益良多，但我現在對於我同意的內容非常清楚。當一個現在巫師集會或是魔法師晉級的強大守護者在宣誓中被召喚來的時候，問題還可能會升級，像是從我經驗到的跨越難關，到曾經保護你的守護者即刻攻擊你。對你同意的事情要多加小心。

來自其他巫師的攻擊

我們需要關注的最後一個危險來源，也是本書主要關注的一個來源，即是來自其他魔法師、巫師和靈體的攻擊。我曾看到有人寫道，眞正的巫師不會用魔法去傷害別人或影響別人的意志。我也曾看到有人說過，眞正的儀式魔法師不會傷害別人，因爲他曉得因果報應的法則會讓他自食惡果。我還聽說過這樣的說法，就是任何成功地發動魔法攻擊的人，都可以進化到足以超越這種能力。我要說的是：千萬別信這套！這樣的爭論有助於銷售書籍，也有助於讓主流社會更容易接受巫術，但這只是那些本應更了解巫術的人一廂情願罷了。

一個讓人安心的想法是，所有巫師都遵守著一個像威卡訓喻（Wiccan Rede）的道德準則，因此永不會傷害他人。但事實並非如此。事實上，如果我們考慮到魔法和巫術的所有實踐者，我可以向你打包票，相對來說很少有人遵守這些規則。任何一家庫存充裕的神祕學商店老闆都可以告訴你，那些針對有傷害性與強制性魔法的書可是很暢銷的！就好比色情刊物一樣，這是一件沒人承認做過、但似乎依然有很多人做過的事情。

源自希臘的詛咒碑（Defixiones Tablets）是用來準備巫蠱之術的，它強迫愛人屈服並且對付敵人；到十六世紀梅布爾．布里格斯（Mabel Briggs）的黑色齋戒；再到喬治亞州的布薩醫生（Dr. Buzzard）用煙霧粉去對付他的客戶和敵人。仔細閱讀整個世界歷史上的魔法施術，就會發現詛咒與牽制在過去一直都是巫術的一部分，直到今天依然如此。就在我寫這本書的幾個月前，一群以色列的卡巴拉術士聚集在一個古老的墓地，對艾里爾·夏隆（Ariel Sharon）施行火鞭儀式的猛烈詛咒②。在我寫這本書時，夏隆正處於昏迷狀態，估計無法康復了。

我們也不能認爲只有沒道德的壞人才會從事這樣的活動。大多數魔法師做其他任何類型的行動，都有同樣的規則。如果他們會使用平凡的手段來報復、造成傷害、迷惑或影響另一個人，那麼他們很可能也會使用魔法來達到同樣的目的。我曾看過碎碎唸的「正義魔人」會在覺得自己的做法是正義的或他們是爲了更大的福祉服務時，跳出來謾罵。當然，問題在於大多數人總覺得他們的行爲是合理的，並且會使用各種的推理來得出這個結論。

即使你自己不施行法術，你也可以僱用一個專業的人幫你下咒。雖然現今大多數專業人士（包括我在內），在沒有正當理由的情況下都不願意接受這種工作，但還是有一些人願意接受任何工作。在大多數傳統文化中，接觸巫師並要求對某人施

②二〇〇五年七月二十六日。出自：www.WorldNetDaily.com

咒或是詛咒是一件相當常見的事情，去接觸某人來取消詛咒也同樣常見。甚至有一些紀錄在案的案例，即一個咒術師對同一個客戶兩面施法，也就是下咒然後又取消它！

使問題更複雜的是，並非每個詛咒都是故意爲之。眾所皆知，有天賦的人可以在沒有任何訓練或意圖的情況下施展強大的魔法。例如在義大利，Maloccio（即「邪眼」）咸認爲是透過純粹的嫉妒、仇恨或單純的惡意而投射出來的。任何有足夠力量、足夠情緒和目標的人，都可以發動意外的超自然攻擊。體質或意志薄弱的人也可能成爲心靈吸血鬼，無意中耗盡周遭人的生命力。儘管這些攻擊是偶然的，我們仍需要處理它們。

辨識攻擊

如果我們保持警戒，保持定期的驅逐儀式與保護狀態，在大多數情況下，我們都會沒事的。事實上，如果你能持續做下一章的練習，你會做得很好，因爲你不僅保護了自己，不受到討厭的魔法影響，而且通常還會增強你的意志與靈性。然而有些時候，這些保護是不夠的。一些偶然或故意的攻擊會穿過我們的防禦，影響我們的健康、我們的運氣和我們整體的幸福。這不是一種愉快的經歷，但是當攻擊發生時，辨識它是反擊的第一步。

我們面臨的第一個問題是，人們通常不願意承認自己正在被攻擊。不修練魔法的人更可能覺得是自己瘋了，而不認為自己受到魔法的攻擊。即使他們懷疑自己的麻煩是一些神祕的原因引起的，他們也不會告訴任何人，因為他們害怕所說的話不被採信或者被認為精神錯亂。

有時候，即使是魔法師也很難承認自己受到了攻擊。許多人傾向高估自己的能力，或者認為他們使用的任何常規保護措施都是萬無一失的。承認某個人或某件事會影響到我們，這會打擊到自我，於是我們反過來說服自己。尤其如果你在一個魔法團體中擔任領袖或教學職務，你可能會擔心倘若你承認自己是攻擊的受害者，人們便會認為你無法勝任。

我認識一個有三十年從業經驗的女祭司，幾年前，她被情人的前妻攻擊了。我不想把這位前妻遵循的傳統說成是邪惡的，因爲事實並非如此，但可以肯定的是，在這個傳統中，出於嫉妒而詛咒別人是很常見的。我的女祭司朋友生了重病、失業、失去學生，還差點失去她的房子。她有超自然攻擊的所有徵兆，甚至還有一個可能性很大的動機來源，但她拒絕承認，因爲她認爲自己是一個有成就的女巫，不會受到別人詛咒影響。最後，她終於想通了，而事情對她來說也往更好的方向發展。

總的來說，我認爲最好要記住兩件事。第一，沒有人能滴水不漏地抵擋某些類型的超自然攻擊。基本的驅逐儀式、護盾和護身符可以保護你免受最意外的靈界攻擊和你可能會遇到的一般的惡意能量。它們甚至可以保護你免受大多數故意的魔法攻擊。但沒有一種技術是萬無一失的。無論你擁有何種程度的啓蒙儀式，無論你認爲自己有多強大，你都不是不受影響的，你應該記住這一點。要記住的第二件事是，防禦可能還沒有發生的攻擊無傷大雅，但如果忽視了你自認沒發生過的眞實攻擊，可能會造成巨大的傷害。爲了安全起見，做魔法防禦吧。

當然，就像有些人讀了醫學教科書之後，相信自己患了書中提到的所有疾病一樣，也會有一些心理上疑神疑鬼的人讀了這本書之後，幻想自己無緣無故遭受了攻擊。事實上，有些人似乎認爲他們經常遭受攻擊。這些人可能會來找你求助，但他們很容易被看出來。

某人堅持認爲自己被巫術攻擊，跟他們實際上被攻擊的可能性之間通常存在著一種大相逕庭的關係。無論是出於眞實的幻覺，還是只想藉由上演心靈肥皂劇來爲自己的生活增添一點戲劇性，你最好都避開這樣的人。一開始，你可能無法分辨出這些人是誰，但是當他們不斷抱怨來自未知的「闇黑團體」和「黑魔法師」的新襲擊時，你很快就會意識到他們的模式。當然，除非是基於眞正的邪惡，否則這些組織沒有任何理由要花費精力去攻擊此人，這對疑心病的人來說似乎是一個足夠充分的理由了。

如果你遇到這些人，你可以給他們一個簡單的淨化或一些保護的建議，也許是以防萬一的護身符，但他們通常會一次又一次地回來。讓這些人失望的最好辦法就是占卜，並且宣布你無法幫助他們，因爲你無法偵測到攻擊的來源。你並沒有完全違背他們的信念，只是說你沒有辦法提供幫助。

超自然攻擊的徵兆

當超自然攻擊眞的發生時，會以多種方式和不同的強度表現出徵兆。我把症狀分爲三個基本種類：外在狀況、心理狀況與肉體狀況。

外在狀況

這種性質的攻擊會影響一個人生活中的事件或運氣的概率，創造出所謂的「障礙情境」。這通常始於一種與時間不同步的感覺，就好像你再也不能在正確的時間出現在正確的地方。無論你要做什麼，你發現你似乎不能準時到達任何地方。這可能伴隨著厄運模式，而且你碰到的一切都會出錯。你的車子跟人發生小事故，而且是幾天之內發生了好幾回。你手中的東西破裂或是當你試圖抓住它們時卻掉落，也是常見的徵兆。人們對你似乎沒有耐心。意想不到的帳單開始堆積如山，而你似乎無法留住錢。

你孤身一人，事情惡化了——你失業、跟情人分手、撞壞了車、為了沒做過的事情蒙受指責，甚至最終可能入獄或是更糟。發生之事的可能性只受限於發動攻擊的人擁有的力量或是攻擊的力道，以及你承受了攻擊多久的時間。

就在近期，我在兩週內收到了三張交通違規罰單。而多年來，我從未被警察攔下過。還有一些其他的事情也出現問題，於是我開始懷疑有什麼地方出了錯。經過一些占卜和審慎思考，我發現這是一次偶然的攻擊，因為我拒絕幫助某個人。我做了一個簡單的化解，問題就迎刃而解了。但是那個人有夠強大的靈力，他的惡意衝破了我通常的防護力。如果我完全沒有採取行動，情況可能會變得更糟。

幾乎所有發生的事情都會有一個完全合乎邏輯與物質層面的解釋。單就此看來，它們沒有任何意義。總之，一長串不幸的巧合應該是一個很好的跡象，指出了肯定有什麼問題。如果這些外在條件伴隨著以下列出的一些心理與肉體症狀，那就格外屬實了。

心理狀況

我認識的一位聖徒信奉者❺對她的鄰居很有意見。整個晚上鄰居都很吵鬧，令人討厭，還在她家的草坪上扔垃圾。她問她的老師該怎麼辦。老師告訴她，做個長得像她鄰居的娃娃，蒙住娃娃的眼睛，捆綁娃娃的手臂與腿，然後釘在她院子裡那棵對著鄰居前門的樹上。我的朋友有點吃驚地說：「天啊！我不想傷害鄰居！這麼做會發生什麼事呢？」

她的老師回答：「沒事，但這會把他嚇得屁滾尿流！」

幾天後，我的朋友聽從了老師的建議，接著鄰居來乞求原諒，並且信誓旦旦地說他正在經歷生命中最糟糕的幾天。

那些不相信魔法能影響世界的人，面對著人類學家的報告，他們觀察到詛咒似乎常常是有效的，於是試圖把它解釋爲暗示的力量。這是一種自我實現的預言，如果你知道有人詛咒你，就像聖徒信奉者這個例子，你的心理便會做出這樣的反應來實現詛咒。這是有一定的道理的：暗示是一種強大的東西，如果你能說服某人他們正在遭受攻擊，他們就會表現出很多的症狀。事實上，我發現當人們在公共場合和口頭上被詛咒的時候，很少有任何儀式或咒語來支持這件事。原因並不在於詛咒無效，然而，如果有人眞的想對你發動一場眞正的魔法攻擊，他們不會向你透露。

大多數魔法與超自然攻擊會在它們的目標身上表現出心理症狀。我之前提過，「與時間不同步」的感受是遇到阻礙的前兆。這還可能出現其他更嚴重的精神症狀。有些攻擊，比如心電感應或是催眠攻擊，可能只對心理有影響。強制性的攻擊並不是爲了造成傷害，而是爲了讓你做（或者不做）出某些違背你較佳判斷的事情，這種攻擊主要也是心理上的作用。事實上，這些症狀都是精神上的，但不意味

❺ santera，指胡督教中信奉聖徒的一種女祭司。

它們沒那麼危險或是沒那麼神奇。

到目前爲止，最常見的精神症狀是沒有任何明確原因的絕望、壓抑、焦慮和恐懼。無法解釋的困惑或是無法集中注意力的時刻是很常見的。令人不安的夢也是受到攻擊的徵兆。

在某些情況下，如果一個靈體或工藝品是攻擊的媒介，目標可能會覺得他一直被跟蹤。當他獨自一人時，可能會聽到聲音、看到不存在的影子和輪廓，甚至聞到沒有來源的氣味。氣味是我最強的超感應領域之一，有時我會聞到硫磺或腐爛的氣味，這是攻擊的第一個跡象。雖然我把這個列爲一種心理症狀，因爲這種感受沒有物理的根據，但這並不意味這些景象、聲音和氣味就不像其他東西那樣眞實。事實上，那些有這種能力的人可能會看到比靈體的輪廓和意象更多的東西。

在強制性魔法用來影響你行爲的情況下，無論是透過催眠、心電感應操控或是咒語，你可能會對你以前從未做過的事情產生不尋常的衝動、喜好或厭惡。你很難靠自己察覺出來，因爲你的頭腦會證明這些感覺是正常的。但是如果朋友和你所愛的人說你的行爲超出你的本性，你至少應該花一些時間想想他們想說什麼。有一個古老的例子是，催眠師把暗示植入一個對象當中，當此人聽到暗示之後，便會脫下襯衫或跳進湖裡。在這樣做之後，這個人總是解釋因爲天氣很熱，他做的眞的不是一件奇怪的事。只有在催眠師播放植入暗示的錄音之後，受試者才認爲他眞的做了什麼奇怪的事。即使是最奇怪的事情，大腦也會讓人覺得很正常。

因爲我們所有的行爲，大體上或多或少受到了外在因素的影響，所以在正常的影響、合理的魔法影響和超自然攻擊之間有一條細微的界線。荻恩・佛瓊③做了一個很好的類推：正常的影響就像某人在外面按門鈴，而攻擊就像是地板自己舉起來、電鈴線自己動起來。

姑且不論這些神祕的事件，公司和銷售員目前正利用非常先進的強制性技術，

③荻恩・佛瓊（Dion Fortune），《心靈防衛術》（*Psychic Self-Defense*），塞繆爾・威瑟出版（Samuel Weiser），二〇〇一年。

比如潛意識信息和神經語言程式學（NLP）來影響你的意志。其中一些是合理的，但在我看來，當中有一些卻相當於攻擊，就像他們對你施了魔法一樣。說眞的，如果你認爲這不是一種巫術，那麼你應該再多看一看。這本書所教的防禦超自然侵擾的技巧，也可以幫助你避開銷售和廣告中使用的攻擊性技巧。

先前列出的許多心理症狀亦是精神官能症的症狀。我想澄清的是，與抑鬱、精神分裂症、焦慮、注意力缺失症或其他任何心理問題搏鬥的人，不應該用這本書的魔法防禦來代替常規治療與心理治療。神祕學與傳統心理學重疊的程度是一個有意思的議題，但這超出了本書的範疇，也超出了我的專業知識。在常規治療的同時，使用本書中的方法可能不會有任何傷害，但在任何情況下，它們都不應該取代醫學治療。

肉體狀況

也有可能出現與攻擊有關的肉體症狀。頭痛是常見的預警。頭皮緊繃的那種頭痛尤其昭示了攻擊。有時候當我們躺下來睡覺時，這些頭痛會集中在頭的同一側，指出了攻擊過來的方向。

繼頭痛之後，疲倦是第二種最爲常見的徵兆，尤其寄生形態和吸血鬼式的攻擊更是如此。在寄生形態的案例中，體質與精力較弱的人會在精神上榨乾生命力較強的人。這通常是無意的，經常發生在家庭成員或是親密的朋友之間，尤其當一個人需要照顧另一個人的時候，這就產生了一句古老的諺語：「照顧者優先。」

在實際的吸血鬼攻擊中，通常是故意爲之，並且存在著一整套關於吸血鬼魔法的神祕教導主體。第一種吸血鬼是活生生的人，不管他們是否願意，他們都會從別人身上汲取生命力，並以此增強自己的力量。如今，這已經是一種反主流文化生活方式的選擇，人們可以找到很多關於如何實踐吸血鬼之道的書籍。

第二種更接近於傳說中的吸血鬼，他的身體已經死亡，但是通過特殊的手段，這個人成功地擊退了星光體的腐敗，或是「第二次死亡」，並且透過吸食活人來維持他的乙太形態。我在布達佩斯旅行時，有人告訴我，馬扎爾的術士擅長這種法術。他們會把自己的靈魂附著在活人身上，白天保持休眠狀態，到了晚上，他們會用乙太或是類似物質的形態離開宿主並且進食。我從來沒見過他們，但根據文獻記載，你可以在吸血鬼襲擊時發現很小很小的傷口。

在目標把主導權交給死者的例子中，疲勞也很常見。這在海地的巫毒教中很有名，被稱爲「遠征死亡」（Expedition Mort）。有很多方法可以做到這一點，但典型的情況下，你的一些東西會放在一個願意做這件事情的靈體的墳墓裡，而這個墳墓裡的一種元素（通常是泥土）會被種在你身上或你家裡。你進入了死者的領域，死者則進入了生者的領域。這首先表現爲嚴重的疲勞，最終導致全面崩潰。你發現即使睡了一整夜，你仍無法保持清醒。當你躺在床上，你的睡眠備受干擾，難以安眠。如果不加以處理，這個詛咒可能會導致死亡。

當靈體被用在攻擊時，或者當靈體本身就是個攻擊工具時（比如鬧鬼），我最常聽到的抱怨就是睡覺時胸口被壓。這種現象有時被稱爲夢魘，由於非常普遍，以至於賓州大學的一位教授對此現象進行了一項研究④。有時候這種感覺會伴隨性攻擊的感受。在夜間被襲擊而留下瘀傷已非聞所未聞的事情了。大約十年前的一個晚上，我在一個朋友身邊守夜時，親眼目睹了這些沒有物理肇因的瘀傷。

突如其來但持久的疾病也可能是攻擊造成的結果。從突發但簡單的流感，到嚴重的癌症，到完全無法診斷的疾病，詛咒有辦法直接影響肉身軀殼。要是你用神祕學的防護處理這個肇因，你在所有這些情況下都應該尋求醫療照護。在強大能量極爲猛烈的攻擊下，諸如心臟病和動脈瘤可能是超自然攻擊的結果，但這種情況非常罕見。

失去性趣與性無能有可能是由嫉妒或者被拋棄的情人詛咒造成的結果。消除「性本能」的咒語存在於世界上幾乎所有類型的民間魔法當中，恢復性能力的法術

④大衛．J．胡佛（David J. Hufford），《夜晚降臨的恐怖：以經驗為中心的超自然攻擊傳統研究》（*The Terror That Comes in the Night: An Experience-Centered Study of Supernatural Assault Traditions*），賓州大學出版社，一九八二年。

也是如此。

腸堵塞也是最受歡迎的攻擊方式，這在艾爾伯圖斯．麥格努斯（Albertus Magnus）的《埃及祕密》（*Egyptian Secrets*）⑤和冰島的《蓋爾德拉伯克》（*Galdrabok*）等魔法書中獲得了證實。事實上，當我十幾歲剛開始學習根源工作（胡督教魔法）的時候，我有東西被偷走了，我大致上聲稱誰要是偷了它就會受到最不愉快的詛咒。也許這是我的錯，但我找到了一個跟我懷疑偷走東西的人符合的線索，並且用古老的胡督教儀式堵住了他的腸子。那個東西很快被還了回來，而我們的一個共同朋友告訴我，咒語達到了它理想的目的。

預兆與警告

除了攻擊的實際症狀外，還有一些徵兆需要注意，首當其衝的就是夢境了。夢的領域是我們深層的心靈試圖與自我的其他部分溝通之處。在此，我想說的是，我完全不相信解讀夢境象徵意義的字典。我們每個人都有獨特的象徵，在夢中，我們的內心會利用這些象徵。一條蛇在一個人的夢中預示著危險，但對於像我這種愛好蛇的術士來說，這的確是一個絕佳的好兆頭。我建議去觀察整體的內容和特點，而不是一堆符號。你被迫害了嗎？是追殺嗎？你所愛的人拋棄你了嗎？你覺得被困住了嗎？這些夢都可能表明你遭受攻擊了。當我遭到之前提到的無心攻擊時，我做了一個奇怪的夢，夢見我赤身裸體地坐在法庭的證人席上，法官是電台主持人拉什·林博（Rush Limbaugh）。儘管這很蠢，但這個夢卻讓我打了個寒顫，這是我受到攻擊的一個重要指標。如果你覺得你正在或可能正受到攻擊，那麼你要注意你的夢境了。倘若你在夢占術方面很有天分，有時你可以從夢境本身猜出罪魁禍首的名字。

⑤此書既不是艾爾伯圖斯·麥格努斯的作品，也沒有任何埃及魔法在裡面，但它仍是一個有趣的民俗魔法集合，還是很有用的。

觀察動物則是另一個指標。牠們對你有何反應呢？你是否發現自己遇到更多跟冥界相關的生物，比如蜘蛛或蛇？你的院子裡有動物死掉嗎？幾年前我在為一個遭受攻擊的客戶工作時，有一隻雀鷹死了，正好落在我在院子裡畫上魔法圈的區塊。這些事情和其他奇怪的事件都應該在疑似攻擊的情況下進行調查。

術士有很多方法可以建立提早預警系統，以便在攻擊變得嚴重前提醒自己。第一個、同時也是最簡單的方法是，在房子的每個房間裡放一到兩株植物。如果你受到魔法的攻擊，幾乎可以肯定植物會首當其衝。由於這些原因，許多巫師會在房子裡擺滿活生生的植物。

一個經典的攻擊警報就是在你的鞋子裡和脖子上放一些銀製品。鑽了洞的十美分銀幣在美國南部很有名。據說如果你受到攻擊，銀就會變黑。這種信念實際上有著科學根據，因為大多數類型的魔法粉末與材質，比如煙霧粉，都是利用硫磺使它變成銀黑色。

在祭壇上放一顆新鮮的雞蛋，不僅可以幫助預示攻擊，也可以吸收一些攻擊。

就像植物一樣，雞蛋會替你承受負能量的衝擊，所以它很快就會腐壞，甚至在受到攻擊時即會破裂。

你也應該留意你的護身符。當護身符破裂或丟失的時候，表示它們的保護已經失效了。我總是戴著一個摩洛哥藍色玻璃的法蒂瑪之手護身符，以防止邪眼從我的後視鏡看過來。在我收到那些交通違規罰單的前幾天（我在本章前面提過），護身符破了。當時我並沒有多想，但要是我能快點占卜，可能就不會收到那些罰單了。另一個是泰國的陰莖護身符，用繩子綁起來，配戴在腰部周圍，可防止陽痿。若繩子斷裂，即爲攻擊的徵兆。

這些症狀族繁不及備載。它們可能引發各式各樣的攻擊，也可能出現許多症狀。重要的是，你要意識到，就個別看來，所發生的每件事都可能有一個合乎邏輯的「現實世界」解釋。然而，當這些症狀和事件都在短時間內出現時，這是一個很好的指標，代表眞正發動攻擊了。記住：寧可謹愼，也別忽略出現的症狀。

2

日常的三個練習

認眞的魔法師每天都會練功。巫術練習不是必要的，但它可以淨化心靈、振奮精神，並且能保護自己免受攻擊。在我們考慮如何防範特定攻擊之前，我們應該先養成一種習慣，加強我們的天生防禦力，如此一來，輕微的攻擊就會自動打偏，我們便能在任何可能出現的嚴重情況下保持冷靜與專注。

就像三角形是建築中最穩定的結構一樣，我推薦一個日常練習，它包括三個要點，將會幫助你擺脫靈界攻擊。這三個要點是：冥想、驅逐與獻供。

冥想讓你在充滿壓力的時候保持頭腦清醒，而且它本身就可以抵禦許多種精神攻擊。驅逐儀式能淨化個人氣場，並且從負面能量和有敵意的靈體中解放你的家。獻供的作用是與環境建立良好的關係，是向那些帶有惡意的靈體伸出的橄欖枝，因爲人類擾亂了靈界環境的行爲，才導致這些靈體的攻擊。

冥想

很顯然的，一個人必須在任何類型的靈界攻擊下保持清醒。在一場魔法攻擊中，可能會導致偏執、抑鬱或其他精神痛苦的症狀。重要的是，你能夠控制你的思想，消除這些症狀，至少要有足夠長的時間來發動防禦或尋求幫助。如果我必須放棄所有的靈修，只有一種靈修除外，那麼我會把冥想留下來。如果你只從這本書中學到一件事並且付諸行動，那麼它應該是冥想的步驟。

「冥想」一詞對很多人來說有著許多意思。對一些人來說，它是聚焦於一個緊迫的問題；對另一些人而言，它是放鬆地聽著舒緩的CD；對另外一些人來說，它是狂喜的祈禱。就技術上來講，所有這些事情都可以被稱爲冥想，因爲冥想這個詞本身就有著非常廣泛的涵義。但它們不算是我所謂的冥想。就我們的目的而言，我們可以把冥想定義爲一種減輕對意念的執取和消除心理干擾的過程。這種執取和散漫有時會被稱爲「心猿」。「心猿」指的是我們的思維傾向於機械性的行爲，僅僅對於因果的推演做出反應，而不是從純粹的意識與眞實意志的角度做決定。

你遺傳的基因、成長的方式、結交的朋友、觀看的電視節目、吃的和喝的、戰鬥或逃跑的反射、剛才的對話，以及無數的其他因素都影響著思想與反應的產生。

每時每刻，我們的思想都受到無數因素的影響，而這些因素與我們眞實的意識或眞實意志無關。幾乎大多數人的行動都是對這些因素中的一個或多個產生機械式反應。冥想是一種打破所有這些因素的方法，揭露潛伏在心猿底下的原始覺知，可以不受這些原因和條件的束縛而行動。

例如你回到家，發現客廳的窗戶被打破了，你可能會很生氣。然而如果你中了一百萬美金的彩券，然後發現破掉的窗戶，你可能就不會這麼沮喪了，因爲中樂透產生的好心情會壓倒窗戶破掉所產生的憤怒。同樣的，如果你喝了一杯三倍濃縮咖啡，回到家發現窗戶破了，你的反應可能會比喝一杯甘菊茶更激烈。如果我們掌握了冥想，並打破我們根深柢固的執取與憎惡模式，我們就可以選擇在這種或任何情況下如何反應，更不用說是肇始它發生的環境了。

在西藏，這種純粹的意識被描述得像鏡子一般。如果你看著一面映照著花朵的鏡子，你可能會有一個非常好的反應，並想著：「很好！我喜歡花。」如果鏡子裡反射的是狗大便，你的反應可能會很糟糕，心想：「眞噁！狗屎！」這個類比的意義在於，這些反射都不會改變鏡子的性質。鏡子並不在乎它反射的是花還是屎，它就只是反射。你的原始覺知就像是鏡子，花朵與糞便就像是你的思想和經歷。從表面上看，我們對它們的反應包含了各種模式，既有學習來的，也有遺傳來的，但如果我們能打破這種模式，停留在原始意識中，我們就能打破我們的模式，按照我們的意願行事，而不是按照我們的程序行事。

冥想有很多種，是一個值得深入研究的主題，但由於這是一本專門談關於魔法防禦的書，我們應該只詳細介紹一種專注於呼吸的冥想。據說，這種呼吸本身就是一種咒語，每個人每天都要唸誦兩萬六千次。它不需要特殊的設備，也沒有任何外在的指示表明你正在冥想，所以你可以在任何時間、任何地點進行這個冥想。這是很重要的，因爲爲了從冥想中獲益，你必須每天都做，而且最好一天數次。當你在工作或社交場合中感覺受到精神攻擊時，你可以用冥想的方式來釐清思路，而不用表現出任何不尋常的跡象。

在冥想前，我們應該採取一個適當的姿勢或瑜伽體位。瑜伽有很多種體位，你可以查閱瑜伽或冥想方面的書來了解它們的種類。最著名的體位可能是蓮花式或全蓮花式。然而，大多數人發現這種姿勢很難保持很長的時間，所以我建議換成悉達多式，它是一種半蓮花式。這個體位有五個要點：第一個是把左腳收進來，儘可能靠近身體，接著把右腳收進來，放在左腿的上面或前面。我也建議在臀部下方加一個墊子，以抬起軀幹，這有助於膝蓋放在地上休息，形成一個穩固的三腳架。

第二點，也是最重要的一點，就是保持背部挺直。爲了確保背部是直的，你應該將你的手伸向天空，然後在不移動軀幹的情況下，放下你的手臂。這能使背部儘可能拉直。頭部稍微向前傾，伸直脊椎柱的最後一點。

第三點與手有關。有幾種方法可以做到這一點，第一種是把拇指和食指連接起來，手掌向上，放在膝蓋上。另一種是把左手放在膝蓋上，掌心向上，右手放在膝蓋上，掌心向上，然後連接雙手的拇指。還有許多其他的手印能使用，但它們做的都是同樣的事情——連接身體的能量迴路（nadis，三脈），讓生命能量（prana，普拉納）流入中脈⑥。

第四點是把舌頭放在上門牙後方。如此就連接了一個能量迴路，在身體的背面和前部運行。

第五點跟眼睛有關。你可以睜開或閉著眼睛冥想。你應該透過實驗來找到最適合你的冥想。如果你完全閉上眼睛，好處是你隔絕了視覺刺激，但對一些人來說，這只會給他們的想像一個空白螢幕，在上面形成分散注意力的想法。如果你睜開眼睛做冥想，你可能會受到更多的干擾，但在冥想過程中不太可能讓自己陷入幻想。如果你真的保持睜眼，你應該把眼睛聚焦在距離你一臂之遠的地方，並且集中注意力，就像你在穿針引線時一樣。如果你能把注意力集中在空曠的空間上，那是最好的；但如果不能，你可以把你的眼睛聚焦在任何地點或物體上。

---

⑥中脈，也稱為舒舒那（Shushumna）或阿瓦胡提（Avadhuti），從頭頂向下穿過身體，是精微體的中心支柱，猶如肉體的脊椎。中脈只是成千上萬個氣脈中的一個。沿著中脈運行的另外兩個重要的氣脈是左脈和右脈，即陽性管道和陰性管道。

儘管上述這些要點都是傳統的慣例，並有助於在冥想時保持身體的穩定，減少分心，但是唯一真正重要的一點是，保持背部挺直。如果你的膝蓋不舒服，或者你較喜歡的話，那麼你可以坐在椅子上，而不是坐在地板上。保持正常的坐姿，背部儘量挺直。如果椅背是直的，那麼你可以靠在椅背上，但是脊椎應該儘可能挺直。如果你是在社交場合，在百忙之中做冥想，那麼你應該儘可能伸直脊柱，保持目光集中而不引起別人的注意。

無論你採取什麼姿勢，開始練習時做三次深呼吸，釋放所有的緊張情緒和對過去、現在及未來的想法。緩慢而自然地呼吸。讓你所有的意識在呼吸之間消融。不要像貓盯著老鼠那樣從外面看它，而要感覺你就是你的呼吸。確定你的呼吸就是你的意識所在之處。流進，流出。把注意力集中在呼吸上，排除其他的一切。

過去是一種記憶。未來是一種投射。在我們能夠抓取「現在」之前，它就消失了。駐留於呼吸當中。

如果你和大多數人一樣，你會發現自己幾乎立刻就分心了。一旦你意識到你已經脫離了冥想，並且被一連串的想法分散注意力，你應該簡單地回到呼吸上，而不是責備或批評自己。事實上，你不應該對你的冥想效果有任何期望。對結果的渴望是冥想的最大障礙。要認識到思想源於虛無，也消散在虛無當中。停留在你的呼吸與原本的覺察當中。

你開始冥想的時候，很有可能在大部分的時間分心，然後覺察到這一點，接著又回到呼吸，卻又再次分心。我的許多學生發現自己總是處於這種情況，他們說他們無法冥想，於是就放棄了。他們沒覺察到的是，他們正在冥想。他們正在訓練自己的心智，好辨認出什麼時候它不按自己的意志而行，並把它從分心的狀態中帶回。想想看這多麼有價值！

經過幾個星期的練習，你會發現你對自己的思想有了更多的控制。你將會更專注。你不會輕易動怒。隨著時間的推移，你會比你想像的更了解自己。在受到精神攻擊的情況下，你將能夠辨識出症狀，並從根源上消除它們，而這只需將注意力集中在純粹的意識上。

不要馬上進行長時間的練習。從早上起床後和睡覺前的十分鐘開始。你永遠不會有藉口說你沒時間冥想，因爲你總是能從睡眠中偷個十分鐘，且一丁點兒也不會影響到你。這兩個十分鐘的練習應該透過一天中大量的「冥想時刻」連結在一起，將一分鐘左右的時間集中在呼吸上，並且排除干擾。這可以在任何時間、任何地點進行——在你的辦公桌前、在餐廳裡或在廁所裡，都是可以接受的地方。如果你以這種方式練習，你一定會在相對較短的時間內看到生活上的不同。

驅逐儀式

驅逐儀式是一種簡短的日常儀式，用於扎根和集中，與神靈連結，劃分神聖空間，並清除散亂的靈體和力量。最著名的例子是黃金黎明協會的封閉性教團所傳授的儀式，稱爲小五芒星驅逐儀式（LBRP）。在教團組織中，LBRP非常被看重。在進一步學習之前，你會每天至少做一次這個儀式，並持續一年。其他類似的儀式包括阿萊斯特·克勞利的星紅寶石儀式（Star Ruby）和金索利斯（Aurum

Solis）的瞭望台開啓儀式（Rousing of the citadel）。在西藏，有許多製作「心靈圈」（mind circle）的配方來完成同樣的事情。花在研究和試驗這些不同儀式上的時間是不會白費的。

以下的黑卡絲之球（Sphere of Hekas）儀式，是一個相當簡單的驅逐儀式，是我基於自己和黑卡蒂女神接觸的資料設計而成。與祂有關的儀式將會出現在這整本書中，它本身有一部分是身爲黑卡蒂信徒的奧祕⑦。我並不是說這種儀式比其他任何儀式都更有效，而是邀請讀者學習幾種驅逐儀式，這樣你們就可以選擇最適合自己的一種了。

⑦它們實際上是我多年來一直在研究關於黑卡蒂女神的大量資料中的一部分。

☒ 黑卡絲之球儀式

第一部分：召喚光柱

首先，站著面對東方。想像你在宇宙的中心。我並不是要你想像你已經離開你的房間，現在在太空中的某個地方，而是你所站之處即是整個宇宙的中心。就像在地球上，從我們的角度看，太陽圍繞著我們，但從更大的角度來看，則揭露出地球繞著太陽轉，因此你應該考慮從更大的角度看，你在宇宙的中心，這一切圍繞著你。

深吸一口氣，想像在你的上方，從最高的天空發射出一道純淨的白色光柱。這道光進入你的頭頂，貫穿了你，進入地下。這道白光具有淨化與集中的性質。吐氣，吟誦如下：

迪千打　克倫巴！（DECENDAT COLUMBA!）

（鴿子降落！）❻

再做一次深呼吸，想像有一道紅色的光從你的下方升起，穿過光柱，向上貫穿你。白光用於淨化，紅光則充滿了活力。吐氣，吟誦如下：

埃森達特　瑟奔斯！（ASCENDAT SERPENS!）

（巨蛇升起！）

❻白鴿有淨化的意象。以上應當使用的是拉丁文發音，可查 google 翻譯輸入拉丁文字母小寫。如果輸入大寫字母會變成字母單一發音。

再次吸氣，感受這兩種能量從上到下進入你的身體。吐氣，感受這兩種能量在你的全身流動，用它們的力量浸潤你的每一個細胞。感受你與天地、冥界和天堂之間的連結。

用右手指著你的第三眼，吟誦：I（發音是：埃伊）。

將你的右手移到你的心口上，張開你的手，讓手掌面向你的胸部，吟誦：A（發音是：啊，拉長一點）。

將你的手向下移動到生殖器上方，手掌向上翻轉，拇指與食指相連，吟誦：O（發音是：奧）。

儀式的這一部分會讓你變得堅定、集中、淨化並賦予你力量，這樣你就能在合適的位置上對你想要驅逐的力量發動能量。鴿子和蛇是宇宙與冥府力量的普遍象徵。通過召喚光柱，你把一切萬有都包含在內，上與下皆然。正如魔法師克勞利曾經說過的：「行者站在高處，他們的頭高於最高的天堂，而他們的腳低於最低的地獄。」⑧

在光柱之後，你可以用古老的IAO來召喚神靈⑨。這個搭配方式有時被視為希臘語中YHVH（雅威或是耶和華）的一種稱呼，但實際上它的歷史要比這個古老得多。在希臘語中，這七個元音都等於行星。在這個情況下，I是太陽，A是月亮，O（Omega，Ω）是土星，因此，IAO代表了由太陽神統轄的整個天體光譜（從月亮到土星）。它也可以被當作是所有元音串在一起的縮寫——一個代表宇宙整體的強大薩滿準則⑩。

---

⑧阿萊斯特．克勞利，《青金石之書》（*Liber Tzaddi*）。

⑨我感謝陶涅墨修斯（Tau Nemesius）從俄羅斯諾斯替派魔法的傳統中教給我這些與IAO有關的手印。

⑩這一準則還有其他值得注意的解釋。黃金黎明認為IAO是伊希斯（Isis）、阿波菲斯（Apophis）、奧西里斯（Osiris）的首字母縮寫，因此是創造、毀滅和重生的代號。

第二部分：劃定邊界

你一直站在光柱內，對這股力量宣示：

黑卡絲　黑卡絲　艾絲特　貝貝羅依！

（HEKAS HEKAS ESTE BEBELO!!）

（去吧去吧，你們這些不潔之物！）

左手握拳，放在心臟上方的胸口，然後用你的右手蓋住它，在那裡施加大約五磅的壓力（約 2.27 公斤），想像你從光柱中召喚出來的力量開始集中在心臟上。想像這種被身體壓力和意志力所吸引的力量，呈現為一顆棒球大小的灰色球體形狀。如此觀想著，直到它在你腦海中變得非常清晰為止。

釋放這股壓力，左腳向前邁出一步，雙臂向外伸展，做出所謂的「進入者之印」（the Sign of the Enterer）。當你做這個姿勢時，觀想你內心的球體正在變大。隨著它的成長與擴張，它擊退了所有邪惡的力量和有害的靈體。它穿過你的身體並繼續變大，直到它在你希望形成邊界的地方停下來，形成一堵灰色的星光體能量壁。吟誦：

吉倫　卡爾波！（GYRUM CARPO!）

（我抓住了魔法圈！）

把你的魔法杖或儀式刀握在手裡，伸直你的手臂。法器的尖端（或是沒有工具時，用你的手指）應該接觸到你想要畫魔法圈的邊

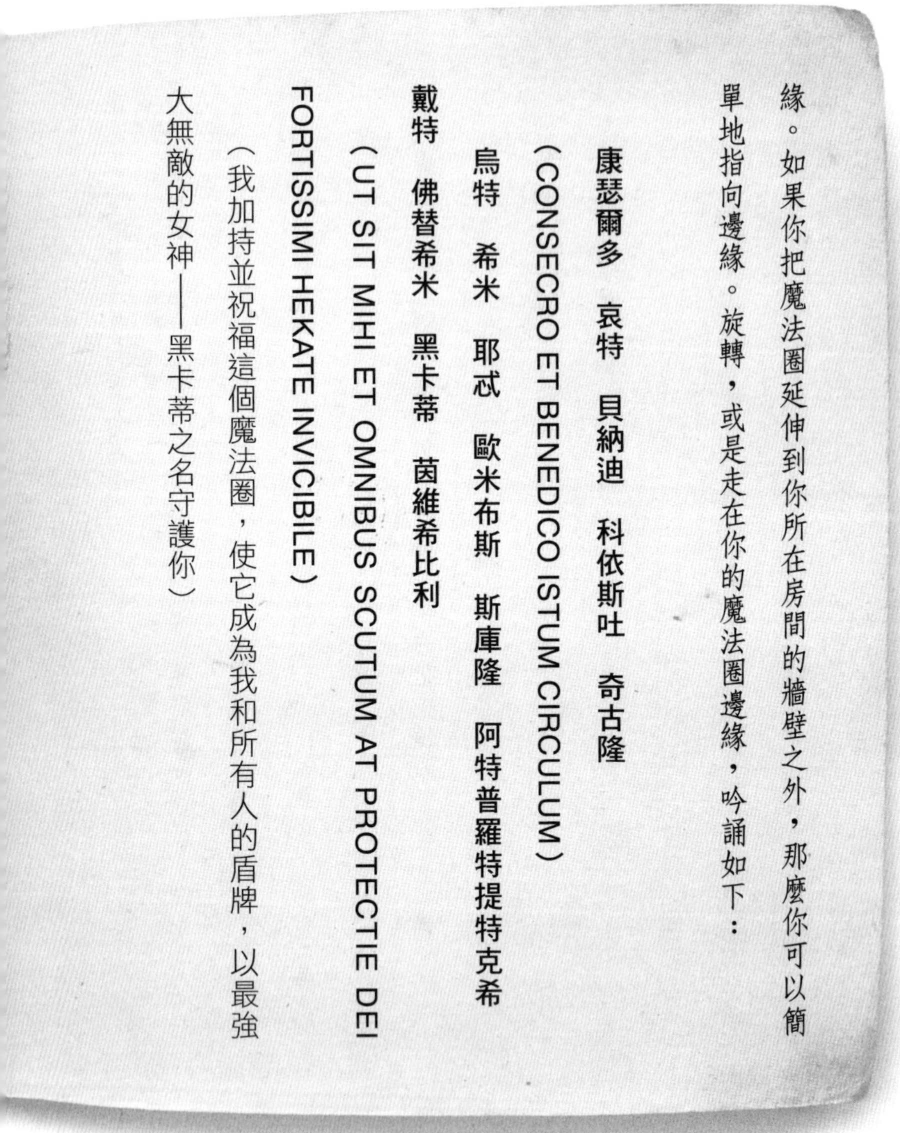
緣。如果你把魔法圈延伸到你所在房間的牆壁之外，那麼你可以簡
單地指向邊緣。旋轉，或是走在你的魔法圈邊緣，吟誦如下：

康瑟爾多　哀特　貝納迪　科依斯吐　奇古隆

（CONSECRO ET BENEDICO ISTUM CIRCULUM）

烏特　希米　耶忒　歐米布斯　斯庫隆　阿特普羅特提特克希

戴特　佛替希米　黑卡蒂　茵維希比利

（UT SIT MIHI ET OMNIBUS SCUTUM AT PROTECTIE DEI
FORTISSIMI HEKATE INVICIBILE）

（我加持並祝福這個魔法圈，使它成為我和所有人的盾牌，以最強
大無敵的女神——黑卡蒂之名守護你）

把這個球體當成你周圍一個隱形且不可穿透的堡壘，將所有傷害性的力量和惡靈都阻擋在外。

第三部分：召喚守護者

儀式的最後一部分，是召喚四位守護者到我們球體的四個角落。在我提供儀式這個部分的操作指南之前，我想說一下這些特別的守護者。在這個儀式中被召喚的守護者是由黑卡蒂女神直接向我顯示的神靈，並且是祂直屬的守護靈。祂們的名字是阿拜克（Abaek）、拜隆（Pyrhum）、厄米堤（Ermiti）和迪穆加利（Dimulgali）。我和我分享這個儀式的魔法師們已經成功召喚了祂們，祂們已經被證實是強大的保護者。然而，祂們可以被你選擇的四方守護者取代，如四個猶太—基督教的大天使——拉斐爾（Raphael）、米迦勒（Michael）、加百列（Gabriel）和烏列爾（Uriel），或者也許是希臘的四風之神——諾托斯（Notus）、仄費洛斯（Zephyrus）、玻瑞阿斯（Boreas）和歐洛斯（Eurus）。四位守護者的組合在世界各地非常普遍。

面向東方，想像阿拜克站在魔法圈的東方邊緣並面向中央。祂有著男人的身軀和公牛的頭，噴著鼻息，狂野地呼吸著。祂的手裡拿著兩把彎刀，用一種威嚇的方式把彎刀碰在一起。做出召喚的手勢並呼召：

歐爾契蘇　阿拜克！（ORKIZO ABAEK!）

東方的牛頭守護者，記住祢的誓言，登上為祢而設的寶座！

想像一下（由你觀想），王座已經被阿拜克占據了，現在看見祂轉過身來，面對魔法圈的外面。

面向南方，想像拜隆站在魔法圈的南方邊緣並面向中央。祂有著男人的身軀和一個會吐出火息的馬頭。祂的兩隻手握著一把巨大的烏木三叉戟。做出召喚的手勢並呼召：

歐爾契蘇　拜隆！（ORKIZO PYRHUM!）

南方的馬頭守護者，記住祢的誓言，登上為祢而設的寶座！

想像一下（由你觀想），王座已經被拜隆占據了，現在看見祂轉過身來，面對魔法圈的外面。

面向西方，想像厄米堤站在魔法圈的西方邊緣並面向中央。祂有著女人的軀幹、蛇的頭與下半身。祂的手裡拿著一張網子和一個骷髏杯，杯裡滿是沸騰的血。做出召喚的手勢並呼召：

歐爾契蘇　厄米堤！（ORKIZO ERMITI!）

西方的蛇形守護者，記住祢的誓言，登上為祢而設的寶座！

想像一下（由你觀想），王座已經被厄米堤占據了，現在看見祂轉過身來，面對魔法圈的外面。

面向北方，想像迪穆加利站在魔法圈的北方邊緣並面向中央。祂有著女人的身軀和黑狗的頭。祂一手拿著鞭子，一手拿著鐵鍊。做出召喚的手勢並呼召：

歐爾契蘇　迪穆加利！（ORKIZO DIMGALI!）

北方的狗頭守護者，記住祢的誓言，登上為祢而設的寶座！

想像一下（由你觀想），王座已經被迪穆加利占據了，現在看見祂轉過身來，面對魔法圈的外面。

第四部分：收尾

你已經扎根，並且以自己為中心，與天地連結。你已經掃除你區域內的阻礙能量，並在周遭創造了一個靈界屏障。你已經召喚了四方的守護者，剩下的就是完成儀式了。

深呼吸，雙手合十放在胸前，像在祈禱一樣。

布羅古　林克　布羅古　艾特　波凡尼　貝爾　諾米那　德揚
阿替西米亞　歐伊

（PROCUL HINC PROCUL ITE PROFANI PER NOMINA DEI ATISSIMI IAO）

（以最強大的ＩＡＯ之名，去吧！去吧！你們這些瀆神者。）

這個儀式的措辭並不是那麼重要。我使用了一些拉丁文，是因為它是魔法語言之一，可以帶出英文無法施展的儀式感。但如果因為某些原因使你覺得不舒服，儀式一般的形式可以用英文翻譯或是其他類似意義的恰當單詞。

儀式的說明可能看起來很長，但一旦記住了整個儀式，大概只需要五分鐘來完成。無論你選擇哪種驅逐儀式，都應該每天做，而且最好是一天兩次，因為這樣的儀式效果會一直持續到日落或日出。

獻供

每天練習的三個重點，最後一個是獻供。驅逐儀式旨在透過力量將危險拒之門外，獻供則是一種安撫的行爲，藉由向有敵意的靈體和元素力量遞出橄欖枝來保護自己。如前所述，我們人類的生活方式有時會對靈界維度產生負面影響，導致當地的守護者和力量報復我們。在傳統文化中，薩滿很大一部分的職責是修補這些有害缺口，撫平這個世界與冥界之間的關係。藉由獻供，我們向那些力量發出一個信號，即任何違犯的行爲，比如修建或踐踏電力設施、汙染空氣和水，都是偶然發生的，而我們正試圖做出補償。

獻供除了具有去除阻礙和攻擊的價值之外，亦是獲得靈界盟友並幫助你的魔法在物質界顯化的有力手段。如果你養成向神靈獻供的習慣，你會發現整個宇宙都願意在巫術方面幫助你，因爲你藉由獻供的力量建立了紐帶。

至於供品，有許多種類型的供品可以用來獻供，有物質上的，也有心靈上的。

我並非貶低有形供品的重要性，但人們在向靈體獻上有形供品後，首先發現的是，幾個小時之後，有形供品依然在那裡。雖然據說一些罕見又強大的靈體可以顯化肉身並且吞下祂們的供品，但大多數的靈體都是在食用物質供品的精華能量，而非物質本身。不過蒸薰的燃燒物質除外。有許多靈體可以直接從草藥、植物和木頭燃燒後產生的煙霧中獲得營養。即使你用實實在在的物質供品，比如蛋糕和酒精飲料，你也可以透過意念將這些供品成倍增加，觀想它們填滿無限的空間，從而增加供品的能量。

獻供不一定總是要隆重或正式地進行。你可以在墳墓上留下一枚硬幣或一些威士忌，在樹木或植物附近放一些花或倒一些水，或是在後院點燃一些香，在心中想像供養十方。像這樣慷慨的行爲，無論多麼微不足道、無論你在哪裡旅行，都能幫助你與周圍的靈界力量建立良好的關係。

如果你想要做一個正式的獻供，以下是一個極簡的儀式。若無法每天都執行的話，你可以選擇定期做。儀式會回饋爲你效力的守護者與使魔，安撫那些會給你及你保護之人帶來阻礙與傷害的靈體。這個儀式通常與元素和靈界力量有關。你有可能針對特定類別的靈體，使這成爲一個更複雜的儀式，但應該注意供品的內容。如果提供了錯誤類型的供品，某些靈體可能會被冒犯。例如非裔加勒比人的傳統中，供奉鹽會激怒死者，而在喜馬拉雅地區，獻祭肉類會激怒龍神。未來，我希望能出版一本更詳盡的書，介紹各種靈體與傳統的獻供。與此同時，如果你想對特定類型的生命做出更詳盡的獻供，就讓研究、預兆和夢境來指引你的努力方向。

在接下來的儀式中，獻供的物質支持物將是一些薰香或是燒過的木頭，比如杜松或檀香。如果你是在外面舉行儀式，你可以在上面加一些水、茶或威士忌，灑在地上作爲奠酒。因爲你正在向最初可能對你懷有敵意的靈體獻上供品，我建議你遠離那些會幫助靈魂顯靈的藥草，比如巖愛草。我稱薰香爲「物質的支持」，因爲你將直接用能量餵養薰香，想像它充滿所有的空間，並要它呈現出對於接收者來說最愉悅的任何形狀。

獻供儀式

如果你有線香和奠酒的話，把它們放在祭壇或桌子上。先別點香。

第一部分：淨化供品

把你的手放在供品上，在你的雙手之間形成一個三角形。按照下文唸誦：

以眾神之軀——土元素之名，

以眾神之血——水元素之名，

以眾神之呼吸——風元素之名，
以祂們燃燒的靈魂——火元素之名，
願這些供品受到祝福與淨化。

當你這麼說的時候，要觀想供品中的任何雜質都被沖洗、吹散、焚燒了。

第二部分：邀請訪客

埃奧 依沃嘿！（IO EVOHE!）
埃奧 戴蒙嘿斯！（IO DAEMONES!）
戴蒙嘿斯 依沃嘿！（DAIMONES EVOHE!）

地之蒼穹的神靈
旱地與流水的神靈
旋風與火焰的神靈
來吧！來吧！
亡靈、生者的幻影
以及那些我虧欠的靈體或虧欠我的靈體啊
法穆魯斯和與我訂下契約的守護者們
來吧！來吧！
每一位住在這裡的樹精、妖精和森林之神
每一位水之女神和火蜥蜴，每一個精怪和侏儒的靈魂
每一個魅魔和夢魘，每一個邪惡的鬼怪
來吧！來吧！

所有因人類行為而造成幫助或傷害的靈體啊
祢們可以隨意到這裡來，坐在寶座上
唉唷[7]
來吧！來吧！

第三部分：奉獻供品

點燃線香。做出獻供的姿勢，揉搓你的掌心幾次，直到它們變熱。接著向上抬起你的手掌，當熱氣離開你的手時，想像從你的手掌中流出大量的供品，與薰香的煙霧混合在一起，充滿整個空間。

---

❼ Io Evohe，這句話來自希臘文，基本上跟狀聲詞差不多意思。

我把大量的供品獻祭給祢
食物、飲料與薰香
請享用吧！請享用吧！
讓供品上升，並瀰漫整個空間
讓它成為祢最渴望的模樣
請享用吧！請享用吧！
以前的朋友和家人們
感謝祢們過去的善意
請享用吧！請享用吧！
作障來報復我行為的神靈啊
請原諒我任何因錯誤或錯覺造成的冒犯
請享用吧！請享用吧！

亡靈與被困在空間當中的靈體啊
這片土地的守護者與風的守護者呀
請享用吧！請享用吧！
守護者和使魔們，願祢們心滿意足。
請迅速實現我的願望與渴望
請享用吧！請享用吧！
我為祢們每一位都提供無窮無盡的財寶
令人愉快的物質與享受
想傷害我的靈體啊
請享用這盛宴，回歸平靜
想幫助我的靈體啊
願祢們滿意，並完成祢們被賦予的任務。

在進行這次加持後，你可以直接進入下一個部分，或者坐下來嘗試跟召喚的力量交流。

第四部分：允許離開

聖殿尊貴的客人們，我們交流的窗口即將關閉，
好好享受最後的樂趣，走入平靜中吧！
祢們要離開盛宴上的寶座，隨自己的心意到自己的住處去，
永遠做朋友和幫手。
如我所願。

本章的三個練習——冥想、驅逐儀式與獻供，應該成爲你魔法體系的慣例部分。理想的做法是每天都做這三件事，冥想和驅逐儀式也許一天做兩次。這看起來好像很多，但實際上並不多，特別是在你熟記這些儀式之後。如果你不能每天都做這些練習或類似的練習，那麼你應該至少每週做冥想和驅逐儀式三到四次，並且每週至少做一次獻供。

3

可加強自我防禦的五道防線

在建立了規律的冥想、驅逐儀式與獻供之後，你會發現自己比以前更接地氣、更清明、更有覺察力。大多數針對你內在平靜的攻擊和侵擾會從你身上滾落地。然而，有時候你需要用比日常的驅逐儀式更強大的力量來直接解決問題。你也可能發現自己處於幫助一個未做定期靈修的非修行者清除障礙和攻擊的狀態，在這種情況下，你將需要使用接下來的一些具體保護儀式。

防護盾

在遇到障礙和心理痛苦的時候，你必須格外勤奮地進行第二章所教的常態性冥想、獻供與驅逐儀式。而你可能還想用一層額外的保護來輔助它們，這就是防護盾的作用所在。

除了你自己的意志和想像之外，防護盾不需要任何裝備，因此當你感覺受到攻擊時，它便是你的第一道防線。防護盾不僅可以幫助你抵禦超自然的危險，也可以幫助你抵禦來自煩人同事、過分熱心的業務員、殘忍的老闆和其他任何你可能遇到心懷不滿的人帶來的心理攻擊。防護盾也是一種很好的方法，可以保護你自己不受到可能出現在某地的負面影響，而不會眞正地驅逐這種能量。如果你發現自己處在某個充滿敵意的守護者身邊，或者身在一個非常消極的人居住的房子裡頭，防護盾便可能行得通。

防護盾的製作方式類似第二章驅逐儀式中召喚球體的方法。

建立防護盾

首先，回想連接你和天地之間的能量光柱。這更像是一種心靈技巧而非儀式，毋需言語，只需要看到光柱從天而降，穿過你進入大地，並感覺到生命的電流從大地升起進入你之內。

當你吸氣的時候，感覺來自上下的能量流進你的身體。當你吐氣的時候，感覺能量在你的身體裡移動，讓你身體的每個細胞都充滿力量。左手握拳，放在你的心口上，用右手蓋住它，施加大約五磅的壓力。當你吸氣的時候，感覺力量被聚集在你的心臟，那是被壓力和你的專注意志吸引而來的力量。觀想一顆小小的、灰色的蛋形聚集在你的心臟。釋放你胸口的壓力，感覺蛋愈來愈大，穿過你的皮膚，在它離你的身體大約三十至六十公分處停下來。想像這顆蛋的表面是無法穿透的，所有的邪惡力量都無法打破它的屏障。

當這個影像在腦海中被強烈召喚出來，你知道防護盾就在那裡，你只需要把注意力從它身上轉移開，去做你自己的事情。一般來說，防護盾的效果會在幾個小時內消失，除非你不斷地想像和灌注意志。如果你想在那之前解除防護盾，就簡單地吸氣，然後吐氣，接著觀想防護盾融入空間當中。

這個技巧有幾種變化版，可以改變防護盾以產生不同的效果。例如在某些情況下，與其直接保護，不如迷惑或是讓你的敵人失去平衡，更爲可行。在這種情況下，用同樣的方法製作防護盾，但不是觀想盾牌是灰色的，而是想像它的表面是彩色的漩渦，就像陽光照射在水面上的油一樣。我第一次使用這種迷惑防護盾是在一份工作中，有一位挑剔的經理經常罵人，使他看起來就像一個無意識的心靈吸血鬼。他似乎總是帶著一種精力充沛的感覺結束他的說教，這讓他攻擊的目標感到筋疲力盡、無精打采。當我開始使用彩色漩渦的防護盾後，他會感到沮喪，並開始不明白爲什麼他起初要責備我。他說話結結巴巴，搞不清楚自己想要什麼，然後怒氣沖沖地進去他的辦公室。最後，他便不再煩我了。

如果你嘗試不同的觀想和能量技巧，你會發現有許多不同的方式可以改變你的防護盾效果。例如，你可以根據四個元素製作防護盾。要做到這一點，不要像第68～71頁所討論的那樣利用光柱的力量，而是集中在被召喚的元素顏色及特質上。我將在後面的章節延伸討論這些元素，但在此期間，你可以使用以下的對應表格。

元素	顏色	特質
火元素	紅色	熱、乾和擴張
水元素	藍色	冷、潮濕和液態
風元素	黃色	溫暖、潮濕和快速移動
土元素	棕色	冷、乾、稠密和沉重

把注意力集中在其中一個元素的特質上，當你吸氣時，從周遭的空間吸納那個元素到你之內；當你吐氣時，觀想你的身體充滿了那個元素。然後像之前一樣創造防護盾：將手和拳頭放在你的心臟上方，觀想球體凝聚在那裡，但是顏色與元素相關。把它投射到你周圍成爲一個蛋形，然後觀想能量在你的周圍形成一個殼。

元素防護盾有很多種用途。主要來說，它能出色地防禦相斥的元素（水對應火，風對應土）的任何攻擊。你也可以使用元素防護盾來提升你的某些特質：土元素代表堅定與集中，風元素代表聰明與狡詐，水元素代表理解與智慧，火元素代表能量與堅定的意志。

防護盾出現在這一節，而非在第二章日常練習的章節中，原因是驅逐儀式是針對有害能量的模式，而防護盾對所有人都有效。總是預留一個防護盾會隔絕你和別人，即使是那些對你毫無好感的人也會覺得你很遙遠或不可接近。使用迷惑或是元素防護盾可以引發更奇怪的反應。只在你需要的時候使用它們就好。

隱身術

在某些情況下，最好的防護是混淆，而不是對抗。也許你想從混亂的世界中抽身片刻，以便理清自己的下一步行動，或是在你施展逆轉或消耗型魔法時，不想被人注意到⑪。無論是什麼原因，隱身的魔法可以提供一種保護，這是驅逐儀式做不到的。

要清楚的是，這個儀式實際上並不會讓你變得透明，也不會讓光在你周圍彎曲，或是以任何方式讓你赤身裸體地走動、發出不具形體的聲音，以及讓物體漂浮在半空中。隱身魔法隱蔽了你的氣場，並導致那些不是專程來找你的人察覺不到你的存在。如果有人在找你，然後他在走廊上碰到你，他會看到你很好，儘管他可能會說那天你有些不一樣。你可能還會發現那些與你有往來的人在交流之後會忘記這些互動。

舉個例子，當我在大學第一次嘗試隱身魔法的時候，課堂上要發表評論，而我一次又一次被略過，雖然之前我似乎是教授最愛點名的學生之一。後來當我和一些跟我同住的朋友鬧翻了，我使用了同樣的隱身儀式，很快地他們便不再煩我了，甚至有一個人是我在房間裡的時候談論到我，而他全然忘了我人在那裡。

⑪ 參見第七章關於逆轉和消耗型魔法的說明。

和防護盾一樣，當你使用隱身術的時候，你必須小心翼翼。有一次我發生了個小擦撞，本來情況會更糟的，因爲有人沒看到我的車就把車從停車場裡開出來。那個人不停地道歉，發誓說他前後左右張望許久，但就是沒看見我。

當然，這本書提到的隱身原因不僅僅是爲了避免不舒服的情況，更是爲了保護你自己。在魔法攻擊的情況下，特別是當靈體被用來對付你的時候，使用隱身作爲防禦將會使有敵意的靈體沒有攻擊的對象。最後，靈體會回到祂的來處。如果祂是另一個巫師送來的，祂就會帶著原本針對你的詛咒。如果祂只是一個充滿敵意的自然界靈體，祂便會回到自己的棲息地。

你唯一需要的工具就是一些薰香。如果你可以用沒藥（單獨和乳香或龍血使用），那是最棒的；如果沒有，那麼你可以使用任何你喜歡的薰香。

這個儀式從召喚光柱開始，跟第二章的驅逐儀式一樣。

隱身儀式

第一部分：召喚光柱

首先，站著面對東方。想像你在宇宙的中心。

深吸一口氣，想像在你的上方，從最高的天空發射出一道純淨的白色光柱。這道光進入你的頭頂，貫穿了你，進入地下。這道白光具有淨化與集中的性質。吐氣，吟誦如下：

迪千打　克倫巴！（DECENDAT COLUMBA!）

（鴿子降落！）

再做一次深呼吸，想像有一道紅色的光從你的下方升起，穿過光柱，向上貫穿你。白光用於淨化，紅光則充滿了活力。吐氣，吟誦如下：

埃森達特　瑟奔斯！（ASCENDAT SERPENS!）

（巨蛇升起！）

再次吸氣，感受到這兩種能量從上到下進入你的身體。吐氣，感受這兩種能量在你的全身流動，用它們的力量浸潤你的每一個細胞。感受你與天地、冥府和天堂之間的連結。

用右手指著你的第三眼，吟誦：I（發音是：埃伊）。

將你的右手移到你的心口上，張開你的手，讓手掌面向你的胸部，吟誦：A（發音是：啊，拉長一點）。

將你的手往下移動到生殖器上方，手掌向上翻轉，拇指與食指相連，吟誦：O（發音是：奧）。

站著一會兒，冥想你跟天地、冥府與天堂之間的連結，以及你與神靈之間的連結。

第二部分：隱藏障礙

站在你聖殿（或任何地方）的中央，面向東方，大聲宣告：

黑卡蒂女神，夜之母
太陽神海利歐斯，光之父
用陰影與煙霧遮蔽我，使我行過人間而不被看見。

拿起香爐或線香，高舉過頭頂，以類似無限符號的模式移動它。發出IAO的振動聲音。

把薰香移到你的下方，這樣你就能讓它靠近地板。以同樣的無限符號模式移動它。發出OAI的振動聲音。

向東南方移動，以同樣的模式發出AOI的振動聲音。

向西南方移動，以同樣的模式發出OIA的振動聲音。

向西北方移動，以同樣的模式發出AIO的振動聲音。

向東北方移動，以同樣的模式發出IOA的振動聲音。

回到東南方，完成這一個魔法圈。然後移回聖殿的中心，把線香放回容器中。

第三部分：分割空間

再次站在聖殿的中心，回憶起你處於宇宙中心的感受。揉搓你的手直到變暖，這會為你的手帶來力量。手掌併攏，雙手向前移動，就好像你把它們移動到兩幅窗簾之間的縫隙中。事實上，你應該記住：你正在把你的手插入空間本身。一旦你把手插進去，就把它們分開，像是拉開窗簾一樣。當你分開手的時候，你可能真的感覺得到手背上的壓力。

雙手分開之後，右手掌向上，左手掌向下。開始再次移動它們，右手向上，左手向下，分隔開另一個三維空間。

右手掌向前，左手掌向後，並且分開雙手，分隔開周圍的空間。這樣，你就在身體的周圍分割了空間的三個維度——長、寬、高。

把手放在身體的兩側，説道：

以夜之母黑卡蒂女神之名，
以太陽神海利歐斯，光之父的名，
我站在空間之外
我在靜默與陰影中前行，如我所願。

把右手食指放在嘴唇上。這被稱為靜默的手勢或是沉默之神希波克拉底的標誌。吸氣，想像你的身體沒有實體的物質。完全吐盡氣，感覺自己天衣無縫地融入周圍的環境。吐氣之後，儘可能長時間屏住呼吸，想像你從正常的空間脫離的過程。在靜默與陰影中前行。

淨化與保護氣場沐浴法

淨化沐浴是世界上最古老的魔法技巧之一。從遠古時代開始，人們就相信淨身不僅能清潔身體，而且純淨的水與某些草藥、礦物質和油脂結合運用，能產生非常有效的效果。我們可以看到早在蘇美人的《月神南納讚歌》（Hymn to Nanna）中就提到了神聖的沐浴，從基督教的洗禮到健康水療，這種做法反映在現在的各個地方。世界各地都有魔法的浴場，諸如印度瓦拉納西的恆河宮河壇、海地的紹特歐瀑布，以及英國格拉斯頓伯里亞瑟王庭院的浴池。

當一些西方的修行者似乎想跳過沐浴和淨化，而更偏好以能量爲基礎的練習，比如驅魔和防護盾，魔法浴卻是一種重要的方式，讓你的魔法在物理層面上更具體，並且獲得更確實的結果。在淨化你自己的負面影響上，沒有比這個更好的方法了。我建議，儀式澡永遠都是你防禦計畫的一部分，用以對抗麻煩的力量。

沐浴儀式首先要考慮的是水本身。傳統上，你會使用自然來源的水，比如泉水、湖泊或是在暴風雨期間收集的水。如果你住在神聖的泉水或河流附近，那便是理想的水源，但一般的想法是水源愈天然愈好。儘管如此，我承認大多數時候我都是使用自來水，並且懷疑我大多數的客戶也都這麼做。畢竟使用自來水總比不洗澡要好得多！

當躺進放好的水裡頭之後，你需要知道你在浴缸裡加了什麼。配方通常需要三種或更多的成分，且通常是奇數。這些成分可以是礦物的、草本的或是動物性的，它們的象徵意義決定了沐浴的性質。從吸引金錢和愛情，到影響周遭的人，再到驅逐厄運與負面能量，這些都有傳統的沐浴配方。這是我們在這裡最後關心的一個類別，以下是我們可以運用的三個簡單配方範例。（請注意：這些配方只推薦給成人使用，並且每個人都應該小心敏感部位的皮膚。）

保護浴

一個好的保護浴包括了鹽、氨和醋。鹽和醋的比例可以是半杯左右，但一茶匙氨至少需以十五公升的水稀釋，因爲氨水有毒，如果吸入就會有害。氨水被認爲是一種強大的清潔劑，如果使用得太多，除了會消除負面影響，也會消除正向與中性的影響。

淨化浴

這是由白橡樹皮、肉桂和松針組成的配方，我喜歡用它來清除霉運和負面能量。牛膝草浴也是一種傳統，尤其是可用來清除你帶給自己的霉運。

可以在洗澡水中隨意加入這些成分。

逆轉傷害浴

尤加利葉、紅辣椒和芸香是專門用來逆轉傷害的配方，可以和第七章的咒語一起使用。你可以加上大約半杯的尤加利葉和芸香，再加入一小撮紅辣椒。

這三種沐浴配方只是無限種組合中的範例，這些組合存在於傳統的配方當中，用於保護與逆轉。關於草藥和神聖沐浴的更多資訊，請參閱附錄一。

沐浴的時間點也是一個因素。大多數情況下，沐浴是在黎明前進行的，這樣就能讓初升的太陽和你一起工作。如果你知道你將要面對一個和你作對的人，或者你要去一個充滿不良心理環境的地方，那麼在面對之前洗個保護浴便是一個好主意。如果你在晚上受到了這些症狀的折磨，那麼睡前洗澡將是最好的主意。遵循月相（驅除用的月虧和吸引用的月盈），或者一週當中的行星日來安排你沐浴的時間。但是當攻擊正在顯現的時候，最好立即沐浴，而非等待合適的日子或月相。讓常識和你自己的愛好成爲你的嚮導。

我應該在這裡提一下，儀式浴並不是讓你身體乾淨的沐浴。你不關心起泡沫和洗頭髮，只關心儀式。沐浴的方式很重要：從腳到頭的擦洗，把東西吸納到你身上；從頭到腳的擦洗，把能量從你身上推開，然後浸泡以緩解症狀。沐浴的時候通常會持咒或祈禱。例如在胡督教，同時也在所羅門魔法中，某些《詩篇》會在沐浴時朗讀，比如第二十三篇是爲了保護、第五十一篇是爲了淨化。一個異教徒也許應該背誦一段來自希臘莎草紙魔法的保護咒語（Papyri Graecae Magicae）。你自己的文字通常會比這些傳統的朗讀更好，你應該自在地使用任何適合情境的文字。

以下是一個召喚黑卡蒂與海利歐斯的咒語，與這本書的其他儀式非常吻合：

我向祢致敬，看守大門的黑卡蒂，
我向祢致敬，至高的海利歐斯，
把祢的手放在我身上，
從我的四肢驅走疾病與災殃。
願這些水驅離攻擊我的人
把他們拋入黑蒂斯的四條河，
願空氣將他們吹散到四面八方，
願我永遠站在祢閃耀的光芒下，

使我的道途明晰。

我向祢致敬，看守大門的黑卡蒂；

我向祢致敬，至高的海利歐斯。

過去，在室內管線系統出現以前，人們用洗手盆洗澡，然後拿著洗手盆到外面把洗澡水倒掉。另一個傳統的能量沐浴重點，是在黎明時分將水倒向從東方升起的太陽，從而最終排除了沐浴過程中產生的任何負面影響。當然，在現在這個時代，我們大多在室內洗澡，所以我理解大多數人會想用浴缸的排水管來排水。我承認我自己經常在浴缸裡沐浴，然後讓水順著排水管流走，但我也用過洗手盆，以傳統的方式洗澡。在一些對我來說非常重要的事情上，我覺得用傳統的方式來做是值得的。你自己試試看這兩種方法，看看是否能發現不同之處。

護身符、護符與辟邪物

關於護身符與護符（talisman）的區別已經有了很多的討論。有些人，比如唐納德．邁克爾．克雷格說護身符能驅走能量，護符則能吸引能量。另一些人則認爲，護身符只是指那些在自然界中發現的、具有天然特性的辟邪物，比如魔石（hagstone，又稱爲多孔石或加法石），而護符則是指由巫師製作、在儀式中賦予魔力的物品。這兩種說法似乎都沒有太多詞源上的支持，我不會去爭辯哪一種爲是。重要的是，攜帶辟邪物是世界上最著名、最廣泛使用的魔法防護方式之一。當然，這種形式的魔法跟本書中的任何其他魔法相比，已經成爲主流文化，因此在路人身上發現兔腳幸運符、聖徒徽章或是盧恩符文項鍊並不稀奇，這些人可能會認爲自己已儘可能地遠離了巫術。

在天然的護身符中，鐵是保護性材質之王⑫，用於保護不受幽靈、女巫和精靈的侵害，這在世界上是眾所周知的。鐵對於靈體的破壞性如此之大，以至於一些巫術傳統不允許任何金屬進入魔法圈，直到魔法圈能很好地被加持與穩固爲止。許多古老的墓地周圍都有鐵柵欄，這不僅是爲了防止入侵者進入，也是爲了把鬼魂關在裡面。在我們學會開採與冶煉鐵礦之前，古人鐵的主要來源是鐵與鎳含量高的隕石。這種天鐵在魔法方面特別有價值，是西藏普巴傳統建築所要求的金屬之一⑬。

在整個歐洲，將鐵釘和鐵製匕首打入門框中，以防止女巫進入的做法是眾所皆知的。這可能源於古羅馬博物學者普林尼（Pliny）的《自然史》（*Historia Naturalis*），該書提到了鐵的辟邪特性：

或者拿一把刀或匕首，用刀尖在一個小孩或一個老人家的身體上，觀想著繞上兩到三圈，然後再繞著大家轉一圈。同樣的，它是一種對付一切毒藥、巫術或妖術的唯一阻隔。還要將任何鐵釘從埋著男人或女人的棺材或墳墓中取出，並且牢牢靠近門楣或側柱，通往房屋或臥室，哪一個夜裡睡在內的人被鬼糾纏的話，他或她應該從這種奇妙的幻象中解脫。

請注意，普林尼不僅提到了鐵能破壞咒術的能力，而且特別提到鐵製棺材釘的力量。棺材釘在胡督魔法中也特別有價值，用於詛咒和保護免受詛咒影響。我自己有一個由兩個鐵棺釘製成的十字架，當作強大的保護性質護身符使用。

十字架本身也是一個強而有力的保護象徵，其歷史可以追溯到比基督教更早的時代。等臂十字架是地球上最古老的宗教符號之一，並產生了許多變體，包括埃及

---

⑫ 關於鐵的保護特性更全面的論述，請參閱錢德勒（B. Gendler）的優秀文章〈鐵的辟邪用途〉（The apotropaic use of iron），網址：www.panikon.com/phurba/articles/iron/html

⑬ 這三種金屬是南恰克（Nam Chak）、薩恰克（Sa Chak）和德里恰克（Dri Chak）。南恰克是來自隕石的金屬，薩恰克是來自地球的金屬，德里恰克是來自殺死某人的劍或刀的金屬。

的生命之符（crux-ansata），或稱爲安卡（Ankh）；還有西藏的萬字符（卍），它在苯教中被視爲永恆，在歐洲被稱爲「菲福」（fylfot），意思是四英呎。十字的象徵意義是多方面的，可以表示兩個世界或是維度的交會，太陽旋轉的輪子，或是世界分成四個方向。它作爲被犧牲的神的象徵來使用，不應該被忽視，也不僅僅侷限於基督教的傳統。波斯/羅馬的光明之神密特拉斯（Mithras）、伊特魯斯坎神伊克西翁（Ixion）以及阿茲特克的羽蛇神（Quetzalcoatl）都被釘在這種或其他種的十字架上。

你當然可以購買一個十字架作爲護身符配戴，但我始終認爲將兩根木條綁在一起，是儀式性地加持這個十字架的一個強大時刻與理想時機，所以我建議你自己製作一個十字架。製作的材料由你決定，但它應該具有意義。你可以使用像是歐洲山梨、橡樹或荊棘這樣的神聖木材，或者你可以使用前面提到的鐵釘（棺材釘很難找，所以你或許只能在五金行找到鐵釘）或骨頭。雞骨頭或其他動物的骨頭就足夠了，但如果你願意，你也可以用人骨。人骨可以在加州的存骨房（Bone Room）

等地方合法購買⑭。如果你確定要用骨頭，就要將祭物獻給骨上附著的靈體，並且占卜看看使用它們會有什麼困難。

要使用咒語，只要將兩根十字架的木條放在你的面前，雙臂完全展開，擺出一個類似恐怖電影中，某人把兩根棍子放在一起擊退吸血鬼的姿勢。想像十字架的兩臂向外無限延伸，將你的注意力集中在交叉的地方。當你舉起十字架的時候，做一個宣告，比如：

以玻瑞阿斯、仄費洛斯、歐洛斯與諾托斯之名，

以火焰河、悲嘆河、冥河與黃泉之名，

以四方所有王子與力量之名，

---

⑭在任何情況下，我都不會建議你挖一個墳墓來取得人的骨頭或棺材釘。如果你看起來夠衰的話，可能會因此遇上危險的靈體，更不用說法律上有侵擾墳墓的後果，因此建議你以合法方式購買。

我捆綁並加持這個十字架，
使它永遠成為盾牌與保護，
對抗各種邪惡力量、可憎的靈體與惡毒詛咒的傷害。
憑藉神的意志與話語，如我所願！

加持完十字架後，要將它放在祭壇上或是地上，不可拆開這兩根木條，而要用黑繩或牛皮捆綁起來。如果你是用鐵來做，而且手又巧，你可以把十字架焊接起來。

除了十字架，還有幾乎無窮無盡的保護符號可以購買或是製作成護身符。

- 漢莎之手（the hamsa hand）也被稱爲法蒂瑪之手（法蒂瑪是穆罕默德的女兒），或是米莉亞姆之手（摩西和亞倫的妹妹），這是一種流行的保護符號，來自中東。它由一隻向下指的手組成，通常中間有一個眼睛。
- 漢莎之手的另一種變體是用藍色玻璃做成的眼睛，在摩洛哥、土耳其、義大利和聖徒信仰當中都可以找到。它有很多種形式，從一個簡單的眼睛畫在一個藍色的玻璃小圈上，到藍色的漢莎之手加上眼睛，再到華麗的馬蹄鐵畫上眼睛。

- 巴拉吉（palad khik）或是假陰莖，在泰國是一種陰莖造形的護身符，通常有一隻猴子、老虎或其他動物騎在上面。陰莖護身符可以保護人不受靈體和法術的侵害，這些負面的東西會導致不孕或喪失陽氣。陰莖護身符可以配戴在腰帶上。如果它掉了，就表明它已經完成任務，代替你的生殖器吸收了攻擊。
- 三曲腿圖（triskele）像一個三臂的萬字符號，由三條彎曲的腿在大腿之處連結而成。在希臘和義大利，它的中心通常有一個蛇髮女妖或梅杜莎的頭，可石化任何巫師或有傷害性的人。
- 義大利的馬諾菲勾（mano fico）與馬諾科奴多（mano cornuto）是具保護性的手勢，通常出現在護身符上。馬諾菲勾，或稱爲無花果手勢，是將姆指放在握緊的拳頭中食指和中指之間。馬諾科奴多，又稱爲有角之手，從握緊的拳頭中抬起食指和小指，代表角。這兩種護身符都可以用銀、鐵、鉛錫合金製成，但用血紅色珊瑚製成的護身符特別有效。

- 十美分銀幣是美國特有的護身符，不僅具有銀的保護特性，而且據說如果有人詛咒你，它會變成黑色。這種信仰源自於在你的鞋子裡放一枚銀幣的做法，根源醫生（root doctor，精通胡督魔法的專家）會在你的鞋子裡放上煙霧粉、熱足粉和一些詛咒粉。這些粉末中幾乎總是含有硫磺，而硫磺會使銀幣變黑。

傳統的保護性質護身符清單能填滿好幾本書的篇幅，也有許多書已經列出它們，這些是收集任何辟邪用聖物一個很好的開端。

除了這些護身符，還有能畫在羊皮紙上或是刻在適當金屬上的符印。在諸如《所羅門的鑰匙》（*The Keys of Solomon*）之類的魔法書中，我們可以找到各式各樣的符印。其中最著名的兩個就是所謂的「薩托爾魔方陣」（Sator Square）和「阿布拉卡達布拉」（Abracadabra）。

薩托爾魔方陣來自於拉丁文的迴文，讀作「SATOR AREPO TENET OPERA ROTAS」，可以排列成一個神奇的魔方陣，如圖 3.1。

sator 的意思是「播種」，tenet 的意思是「堅持」，opera 的意思是「工作、照顧或努力」，rotas 的意思是「輪子」，arepo 是一個更麻煩的字眼，因爲它沒有出現在拉丁文中。有些人認爲它是一個特定的名字，另一

S	A	T	O	R
A	R	E	P	O
T	E	N	E	T
O	P	E	R	A
R	O	T	A	S

圖 3.1　薩托爾魔方陣

些人認爲它是從高盧語借來的，意思是「犁地」。還有一些人認爲它是希臘片語中阿拉法和俄梅戛的阿拉姆版本❽。最後一種解釋是由這樣一個事實支持的——你可以把字母排列成單詞Pater Noster（我們的天父），在一個十字中只留下兩個A和兩個O，從而形成一個基督教護身符，看起來如圖3.2。

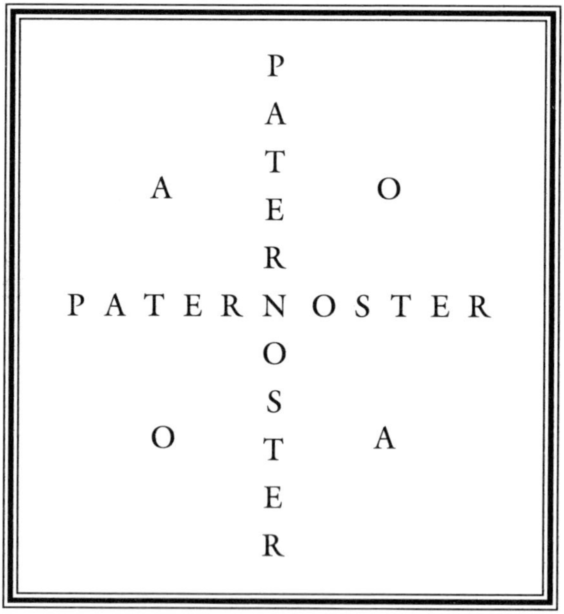

圖 3.2　天父十字（Paternoster Cross）

另一種拼法變體可以用正方形來拼出短語：Satan, ter oro te, reparato opes（撒旦，我對你說三次：把我的好運還給我）。無論它眞正的涵義是什麼，從龐貝古城淪陷以來，它一直被用在保護魔法上，直到今日。在賓州的荷蘭人當中，符印被當成咒術的符號並不罕見。

「阿布拉卡達布拉」是一個咒語，不幸的是，這個咒語在現代已經名聲不佳，因爲舞台上的魔術師用它來點綴他們的魔術手法❾。這個詞曾經一度被視爲代表力量的古老詞彙，它的起源有好幾個版本。這個詞最被公認的詞源是它來自於阿拉姆語的 avra kehdabra，意思是「我說話的時候就創造出來（我說的）了」。另一種可能是這個詞來自於另一個阿拉姆片語「abhadda kedhabhra」，意思是「像這個詞

---

❽典出《聖經．啓示錄》二十二章十三節：「我是阿拉法，我是俄梅戛；我是首先的，我是末後的；我是初，我是終。」天使以希臘文的首字與尾字來自承為一切受造物的起始與終末。

❾它有點類似華人世界的「天靈靈、地靈靈」開頭的咒語。

一樣（說出之後就）消失」。正是這個最後的意思，使它最好當作書面的護身符使用。

這個護身符就是一遍又一遍地寫「阿布拉卡達布拉」，然後每寫一次便去掉一個字母。辟邪物第一次出現是在二世紀賽倫努斯·薩摩尼克斯（Serenus Sammonicus）的《醫療之書》（*De Medicina Praecepta*）中。他是羅馬皇帝卡拉卡拉的御醫，以祛病聞名。從那之後，阿布拉卡達布拉便被當成一種辟邪物，不僅能祛病，還能趕走惡靈和詛咒。

ABRACADABRA
ABRACADABR
ABRACADAB
ABRACADA
ABRACAD
ABRACA
ABRAC
ABRA
ABR
AB
A

某些藥草和礦物也會被當作保護性的護身符攜帶。例如，據說鹽巴可以趕走不速之客。阿魏可以用來驅逐疾病和詛咒，以及其他任何聞到它的生物。美洲凌霄可以綁住邪惡的靈魂。洋菜能讓你隱身，並且可以跟第103～108頁的隱身儀式合併使用。這些東西，連同金雀花、龍血、大蒜、槲寄生、尤加利、香茅、迷迭香、檸檬和曼德拉草，都是一些可以單獨攜帶或放在巫袋裡的草藥。

巫袋也稱為巫術包或是格利斯格利斯袋（gris-gris bag）。格利斯格利斯這個詞的意思是「灰色—灰色」，表示這個袋子有白色和黑色的魔法。這些袋子是美國胡督傳統的日常必需品，具有多種目的⑮。可以將適當的材料收集到顏色恰當（通常是紅色）的法蘭絨拉繩袋中，或者用布把它們綁起來，這是紐奧良的風格。配方的

⑮對巫術包的完整論述超出了本書的範圍。有興趣的人可以看看書末附錄一中關於胡督信仰的資料，特別是凱瑟琳・伊隆沃德（Cathrine Yronwode）的作品，她是幸運魔咒古玩公司（Lucky Mojo Curio Company）的老闆。

數量應該是奇數，最常見的是三、七和九。你應該避免使用含有超過十三種配方的袋子。

以下是我喜歡的三種配方的簡單組合：

惡魔之手⑯

九片美洲凌霄可以綁住魔鬼，菱角可以把惡魔嚇跑，再來一些阿魏，它也叫作惡魔的糞便，可以把惡魔趕走。把它們全放進黑色袋子裡。

逆轉之手

將尤加利葉、鹽巴和蟹殼放在紅色袋子裡，可以逆轉咒語和傷害給施術者。

天使的保護

對於女性尤其有效的是放了當歸根、基列香膏（balm of Gilead buds）和鹽巴的巫袋。用白色布包著隨身攜帶。據說這種巫袋比逆轉或直接屏蔽咒術更能緩和對峙的情況。

破除厄運

把硝石、硫磺和檸檬草放在紅色的法蘭絨袋子裡，這是打破厄運、打開新機會之門的好方法。

旅途上的保護

艾草、紫草葉和茴香會在旅途中保護你的安全，不僅能避開有害的能量、靈體和詛咒，還能避免觸法。

⑯請注意，在民俗魔法中，「魔鬼」一詞並不總是指邪惡的存在，但可以指非洲的十字路口之神或歐洲的許多有角之神，這些人物在不同程度上被認為是魔鬼。事實上，歐洲有很多女巫的傳統都把魔鬼的標籤貼在有角的神身上，羅賓漢（Robin Hood）被這樣稱呼也沒什麼問題（有人認為他可以是森林的鹿角神代表）。

無論你使用的是上述這些配方組合中的一種，還是來自其他地方的傳統配方，抑或是你自己設計的配方，巫術包都應該是神聖、充滿靈性活力的。傳統的美國根源工作者可能會用《詩篇》或即興祈禱來加持巫術袋，如果你喜歡的話，也可以這麼做。一些根源工作者會對巫術包說話，就好像它是活的一樣，並給它下指令。在民俗學者瑪莉．艾莉西亞（Mary Alicia）的《從原始來源蒐羅的西南方黑人口耳相傳巫毒故事集》（*Voodoo Tales as Told Among the Negroes of the Southwest, Collected from Original Sources*）當中，已經記載了這樣的一個儀式。她僱用一位根源醫生，名叫金，他爲《阿蘭迪亞：女巫福音》（*Aradia: Gospel of the Witches*）的作者查爾斯．里蘭德（Charles Godfrey Leland）施展了一個巫術。

他把球放在拇指和食指之間晃來晃去，對著球說：「現在，你叫里蘭德，查爾斯．里蘭德。我將會在很遠的地方，在很遠的地方，穿過大海，到樹林裡去。讓你的生活重新振作起來。走得很遠，你聽到我了嗎？你走遠了嗎？你在爬山了嗎？你在爬高嗎？」

每個問題之後都會有一連串的回答，這些回答愈來愈微弱，就像人們以爲球的靈魂會愈飛愈遠一樣。⑰

你可以做一些完全自發的事情，構建你的巫袋、加持能量上去，或者使用任何你承自的傳統。由於我認爲蛇是靈知與魔法的代表，所以我經常使用一種我稱之爲「蛇之歌」的希臘聖歌，在適當的薰香或蠟燭焰火上方，握著巫袋加持它。

⑰瑪莉·艾莉西亞（Mary Alicia），《從原始來源蒐羅的西南方黑人口耳相傳巫毒故事集》（*Voodoo Tales as Told Among the Negroes of the Southwest, Collected from Original Sources*），《密蘇里民間傳說協會期刊》（*Missouri Folklore Society Journal*，一九八六～八七年第八～九期）。

荷　歐皮斯（HO OPHIS）

荷　阿奇阿歐斯（HO ARCHAIOS）

荷　德拉空（HO DRAKON）

荷　墨蓋斯（HO MEGAS）

荷　恩該（HO EN KAI）

荷　翁該（HO ON KAI）

荷　宗圖斯　愛歐納斯（HO ZON TOUS AIONAS）

麥塔圖　奔努瑪圖斯　索依！（META TOU PNEUMATOS SOU!）

（噢，古老的巨蛇啊，

噢，偉大的龍啊，

曾經、現在都在亙古之中，

求祢與我們的靈魂同在。）

當我吟唱這首歌的時候，有著充裕的時間，我通常會感到空氣中有一種變化，好像有數道隱形的門在我周圍打開，或者突然有一種轉換的感覺，就像我有一下子記不起我是如何走到那裡的。我完成之後，就吐唾沫在袋子裡面，說：「如我所願！」

黑卡蒂之輪

爲了與本書的黑卡蒂法門保持一致，我要在此呈現二〇〇二年黑卡蒂魔法傳承之後，我在夢裡出現的一個符印和加持的方式。這個符號很簡單，看起來像個三叉戟或是乾草叉的輪子（見第134頁圖3.3）。

它可以寫在羊皮紙上，也可以刻在金屬上。它也可以塗在地上作爲一個魔法保護圈。這個加持的符號不僅讓人聯想到黑卡蒂，還讓人聯想到希臘神話中的四重女性形象：復仇女神（Furies）、美惠三女神（Graces）、命運女神（Fates）和蛇髮女妖戈爾貢（Gorgons）。爲了加持這個符印，你要以所謂「三角顯化」的姿勢握

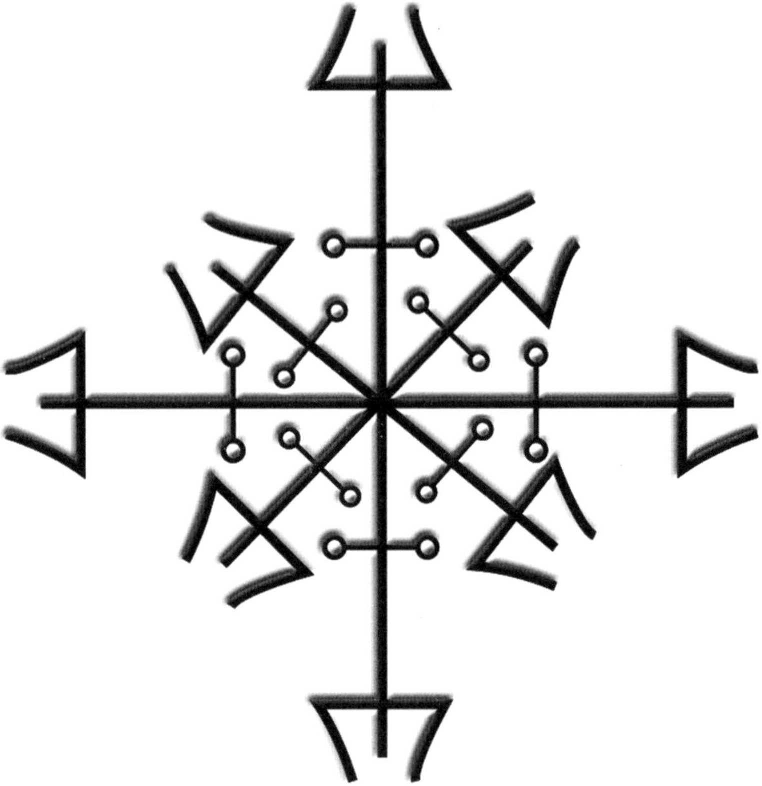

圖 3.3

住你的手（手掌對著符印，拇指與食指、中指的尖端併在一起形成一個三角形，透過這個三角形，你可以看到你正在加持的物品❿）。

使用下面的祈請文來加持符印：

我向世界的持有者黑卡蒂女神致敬，
我向三岔路的主人伊諾迪亞（Enodia）致敬，
我向墳地的守護者涅庫亞（Nekuia）致敬，
幽冥、黑夜與地獄的那一位主人，
我以祢的三個祕密名字呼喚祢——
埃列什基伽勒（Ereshkigal）、奈博德蘇勒（Nebotosoaleth）、阿克緹菲絲（Aktiophis）

❿這是來自藏密的加持手勢，可以加速願望變成物質化。

噢，黑卡蒂！

我以祢之名召喚命運女神！

所有強大的莫伊賴（Morae）[11]！

克洛托（Clotho）、拉刻西斯（Lachesis）和阿特羅波斯（Atropos）

我召請祢們、召喚祢們、呼求祢們！

祢們，是生命的起源、度量和生命之線的切割者

請憐憫祢們手中的線吧！

讓戰爭的潮汐為我而紡織。

噢，黑卡蒂！

我以祢之名召喚復仇女神！

極其恐怖的眾神，

來自烏拉諾斯（Uranus）之血孕育的

阿勒克托（Alecto）、提西福涅（Tisiphone）、墨蓋拉（Megaera）。

我召請祢們、召喚祢們、呼求祢們！
從黑暗之神厄瑞玻斯（Erebus）那兒來
保護這個符印的持有者
用正義的天譴驅逐所有的攻擊者！
願我的敵人連名字都不復存在！
噢，黑卡蒂！
我以祢之名，召喚蛇髮女妖戈爾貢！
神祕十字路口的蛇髮守護者——
歐律阿勒（Euryale）、斯忒諾（Sthenno）、梅杜莎（Medusa）
我召請祢們、召喚祢們、呼求祢們！

⓫命運女神的統稱。

從西方出來，保護這個符印的持有者吧！
祢身上覆蓋著不可穿透的鱗片、有著蛇髮和黃銅手腕，
要防禦一切惡靈與邪術，
現在出現，並準備好！
噢，黑卡蒂！
我以祢之名召喚美惠三女神！
美麗的女神們在天堂永遠地跳著舞
塔莉亞（Thalia）、歐佛洛緒涅（Euphrosyne）、阿格萊亞（Aglaia）
我召請祢們、召喚祢們、呼求祢們！
從林間空地出來，照顧祢們的術士吧！
求祢們醫治我仇敵所做的一切傷害，
引導我走豐盛的路。
黑卡蒂 波羅巴以類（Hekate Propylaia）

黑卡蒂 波絲佛羅（Hekate Phosphoros）

黑卡蒂 波羅波露絲（Hekate Propolos）

保護者、發光者、引導者啊！

我以祢之名召喚神靈

向祂們尋求幫助、天譴、保護和恩典。

這事要靠祢們的力量才能完成，

我向世界的持有者黑卡蒂致敬。

這個祈請文遵循一個簡單的模式：首先它召喚至高的女神黑卡蒂，然後以祂之名召喚出神靈。這三組神靈以此特殊順序召喚，以作爲一種防禦的策略。首先，召喚命運女神爲整個情況帶來好運。接下來，召喚復仇女神強力驅逐那些侵犯我們的力量。在復仇女神清除這種影響後，我們透過召喚蛇髮女妖來防禦進一步的攻擊。最後，我們召喚美惠三女神來治療造成的所有傷害，並請求祂們仁慈的祝福。

與這個咒語有關的符號可以刻在金屬上（最好是刻在銀上面），也可以烙印在木頭上，抑或做成羊皮紙文稿隨身攜帶。它也可以畫在門上作爲保護性浮雕，或在地板上做一個保護圈。

4

保護住家的六種方式

既然我們已經處理好保護個人的方法，我們將接著保護家園。就像超人遇到困難時需要有一個可獨處的堡壘，巫師的家應該是一個避難所，即使是在最強大的攻擊之下。住家（以及汽車和辦公室）在很多方面都是我們自身魔力的延伸範圍。如果攻擊者缺少一個很好的個人物品，比如頭髮或衣服來做一個魔法的連結，狡猾的巫師通常就會以房屋爲目標，將它當作是一個巨大的魔法連結。在某個人會直接經過的地方扔煙霧粉或埋下格利斯格利斯袋，會比在夜深人靜時扔在他或她家門口或是埋在庭院裡更讓人無法察覺，所以它是一個歷史悠久的發送詛咒方式。

撇開受到其他術士的攻擊，巫師的家經常是舉行許多儀式的地點，這些儀式會吸引各式各樣的靈體和能量。與流行的神祕學說相反，當魔法圈關閉或是驅逐儀式完成時，靈體和能量並不會立刻及永久地隔絕——祂們也不應該這樣。一個巫師的家應該是一個神靈之家，祂們在那裡不僅可以被召喚及提問，而且祂們也可以接觸你、回應你。這就是與智慧生命和靈體建立關係的方式。我們不應該把保護家園的指示誤以爲是關閉與其他世界、力量和住民的所有聯繫。無論如何，我們應該建立一些防禦機制，以擊退那些敵對的或是流向我們的力量——那些可能會被我們魔法上的行動誘騙到我們家裡的力量。我們大多數人都有許多不同的訪客進出我們的家，並不是所有的人都會經過審查而且被證明是可靠的。我們在接待訪客時感到安全，是因為當我們的訪客受到威嚇或暴力時，我們有著某種安全保障（即使我們只曉得要撥打110）。我們必須學會用同樣的方式對待靈體。

我在本章中提到「住家」，但大多數的建議亦適用於汽車、辦公室或其他任何你花費大量時間的地方。同樣的，對於「房子」的建議通常適用於公寓，亦不需要完全按照其字面上的意思，而是可以巧妙修改。例如，要求把東西埋在院子裡的建議，也可以改成埋在公寓的盆栽植物中。

清洗地板

清洗家裡的地板，就像你洗澡一樣，對你的身體有幫助。清洗是魔法中非常古老和傳統的一部分，在胡督巫術中尤其流行。清洗地板可以為各種魔法服務——從阻止流言蜚語，到把交易拉到妓院去處理，再到解決紛爭。但我們這裡只關心那些運用於魔法防禦的清洗。關於其他類型的清洗，更多的資訊可以透過附錄一列出的研究資源找到。

防止傷害的一種地板清洗是用在從房子的後院往前門和戶外上，就像你正在收集不想要的能量，並把它們從門口推出去。為了吸引能量而做的地板清洗則完全相反，要從前門往房子的後方移動。如果你的房子或建築有很多層，那就從上往下排除能量，反之就是吸引能量。如果你的房子有鋪地毯，你可以在噴瓶中混合一些洗劑，然後噴灑在地毯上；或者如果你是更傳統的人，你可以用羽毛或天主教灑水禮用的淨水瓶來噴灑地毯。無論你使用哪種方法，都應該遵循由後往前或由前到後的一般模式。在你開始清洗地板前，可以先繪製你穿過房子的路徑。

跟洗澡一樣，清洗地板的水最好從河流、泉水或雨水等自然水源中收集而來。必要時也可以用水龍頭的水，但使用從大自然而來的水是傳統，如果你能得到這樣的水，就應該使用它。在一加侖或更多的水中加入相對少量的配方（一湯匙到一杯），然後虔誠地祈禱。如果你怕弄得一團糟而不想直接加入配方，你也可以把它們先泡在茶裡，然後再加入水中。

接下來我會列出一些配方，它們是有效的防禦和保護魔法。同樣的，我的配方是使用簡單的三種成分在清洗上。至於對更複雜的搭配方式感興趣的人，請自行查閱更多巫術用的藥草。

趕走使用邪術的人

- 松針
- 硝石
- 你自己的尿（早上的第一泡）

驅魔的清洗

- 大蒜

• 辣椒

• 醋

帶來平靜的清洗

• 糖

• 薰衣草

• 玫瑰水

排除與驅離的清洗

• 女巫鹽⑱

• 纈草根

• 金雀花

淨化靈性的清洗

- 蛋殼粉
- 橡樹皮
- 檸檬草

當你認爲需要爲房間或房子做清洗時，你可以使用這些配方或其他的配方。無論你是否受到攻擊，選擇一個良好的清洗配方並在每個新月時使用，是一種很好的做法，特別是你個人的聖殿空間會需要用上的。當你清洗完空間之後，應該把剩下的洗劑和髒水朝東倒出前門外。和洗澡一樣，最好在清晨黎明前做清洗，不過也可以在你覺得需要的任何時候清洗。例如一個你認爲是敵人的人離開了你家，你可以在此人離開後立刻使用驅離的配方清洗，以迫使他們不再返回。

⑱女巫鹽或黑鹽是添加了煤灰或其他藥劑使其變黑的鹽。

薰香

沒有比焚香更普遍、更原始的魔法儀式了。幾乎地球上的每一種文化都認可某種草藥、樹枝和木材在燃燒時所具有的靈界力量。藉由將我們的願望和渴望注入於這些有形的東西上，然後燃燒它，使它從物質化爲無形，最後進入能聽到我們祈禱的靈界。

你可以在一個固定的容器上焚香，但如果你是在一個淨化或驅逐的儀式上使用它，你應該用一個香爐或其他你可以輕鬆攜帶的東西。薰香的方式與前述的清洗相同：由後往前推到門外是爲了排除能量，由前往後則是爲了吸引能量。

薰香的配方有很多種，你可以在平靜的時候隨意嘗試不同的配方。當你急需防禦或有別人依靠你時，都不是嘗試新事物的好時機，所以在你需要使用之前，請務必挑選一些能使結果圓滿的配方。以下是我用過的一些很好的薰香配方：

一般淨化、保護和驅魔

- 乳香
- 沒藥
- 龍血

逆轉傷害

- 毛蕊花
- 鼠尾草
- 芸香

安撫靈體

- 樟腦

・薄荷
・松木

清洗地板據說代表了兩種陰性元素：水元素（清洗用的水）和土元素（清洗用的草藥、礦物和其他成分）。薰香代表了兩種陽性元素：風元素（煙霧）和火元素（燃燒）。薰香和清洗地板的結合是一種用你的意志去浸染一個環境非常全面的方式。和洗澡一樣，這個過程是藉由清洗或薰香時，說出禱文或咒語來增強能量。在基督教魔法的各種傳統中，《詩篇》經常被用於這個目的。《迦勒底神諭》（*Chaldean Oracles*）⑲的箴言出色地輔助了這個過程，就像用鹽水和薰香驅魔的各種魔法配方一樣。我喜歡下面這個具保護、淨化與驅魔的咒語：

以土元素——眾神的肉身，
以水元素——眾神流淌之血！

以風元素——眾神的氣息，
以火元素——眾神灼熱的靈魂！
我驅走一切邪惡、傷害與仇恨！
阿波　般多斯　嘎勾達以摩諾斯！（Apo Pantos Kakodaimonos!）
黑卡絲　黑卡絲　艾斯特　貝貝利！（Hekas Hekas Este Bebeloi!）
賽伊！（Sigy!）⓬
賽伊！
賽伊！

---

⑲黃金黎明在他們的瞭望塔儀式中大量引用了這些名言。舉個例子，當土元素在神殿中轉圈時，你會這樣召喚：「不要彎下身去，進入那黑暗燦爛的世界，那裡不斷地沉浸著背信棄義之深淵，地獄被黑暗包裹著，在難以理解的形象中欣喜、陡峭、蜿蜒；一個漆黑又不斷起伏的深淵，永遠擁護著一個無光、無形、虛無的身體。」

⓬希臘文的「安靜」。

雖然我把這個咒語包括在保護住家的章節裡，但它可以很容易地跟淨化浴／薰香結合起來使用，並可直接用在一個人身上。

鋪粉末

除了清洗地板和薰香之外，鋪粉末來影響一個地方的好壞也是種傳統。灰粉與粉末可以只用一種材料組成，也可以用草藥、礦物、甚至動物材料組合而成，碾碎後單獨使用，或與中性粉末（如滑石粉）混合使用。當你用粉末裝飾房間的時候，可以在周圍圍一圈粉末，或是在房內四個角落各放一堆粉，並在房間中央放一堆粉。在某些情況下，你會想要在戰略點，比如門口和窗戶鋪粉末。

在二〇〇五年的電影《毒鑰》（The Skeleton Key）中，由凱特·哈德森飾演的角色便是用紅磚粉來防止敵人進入她的房間。我不相信粉末能像電影裡那樣，讓敵人以爲有一堵看不見的牆在阻止他們進入，但這是一種傳統做法，美國南部的人都用此方法來保護他們的家園。

雖然墓地的墳土常被視爲是一種用來詛咒的材料，但它也可以用於保護和許多其他正向的目的。這完全取決於墳土是從誰的墳墓裡挖出來的。當人們建造自己的房屋並傳承給家人成爲一種常態時，他們運用已故家人的墳土來保護房子便屢見不鮮了，特別是如果可以獲得當初建屋者的墳土會更好，因爲祂們對於保護這麼辛苦得來的財物特別有興趣。爲了收集墳土，你不能只是從墳墓上取走卻不給予任何報償。傳統的供品是一些威士忌或十美分硬幣。如果你認識這個家庭成員，你可以獻祭給祂一些祂在世時喜歡的東西。把土撒在房屋的四個角落，與這個靈體交談，請求祂爲你保護房子並遠離一切傷害。如果你沒有可以取用的親戚墳土，你也可以使用士兵的墳土。無論出於什麼原因，在任何需使用墳土的情況下，都要先做個占卜看看靈體是否願意爲你工作，這是一個良善的好主意⑳。

⑳我想建議如果你要收集墓地的墳土，你應該在白天做這件事，或者至少在一個晝夜開放的墓地做此事。沒有法律禁止在墳墓留下十美分硬幣或是從墳墓上撿些土，人們通常也不會對其他人在墓地裡做的事打聽八卦。然而，法律禁止非法入侵，也沒有令人信服的理由讓人必須在晚上收集墓地的墳土，尤其是出於保護的原因。

卡斯卡亞（Cascarilla）也是一種有價值的防禦工具。這是一種由蛋殼粉製成的白色粉筆，通常裝在小紙杯裡出售。雞蛋代表了生命本身，而卡斯卡亞在聖徒信仰中享有強大保護者的聲譽。它可以用來在牆上或地面上畫保護性的符號，也可以畫在身體上。每當我知道自己將處於一個充滿魔法的敵對環境中，或者處理一個別人認爲是固定或被詛咒的物件時，我就會在我的手臂畫上線條，有三個十字架穿過此線段。我也會在我的鞋子裡畫十字。

除了上述這些單一成分的粉末之外，還有一些有著草藥成分的粉末可以用於防禦性的魔法，比如「勇敢無懼跨越邪惡」（Fear Not to Walk Over Evil）和「火牆防護」（Fiery Wall of Protection），可以在任何優質的巫術小鋪或神祕學商店買到。我發現有些配方是有效的，譬如：

防範惡意的巫術㉑

• 車軸草

・聖約翰草
・蒔蘿
・馬鞭草

在家中創造平靜

・征服者高約翰根
・薰衣草
・胡薄荷

㉑這個組合來自一首著名的兩行詩：「車軸草、馬鞭草、聖約翰草／阻礙女巫的意志。」車軸草是指任何的三邊葉，如三葉草。聖約翰草又稱金絲桃。

通用的保護粉

- 苦艾
- 所羅門的封印（玉竹）
- 藍升麻

以上這些配方中的任何一種，或是你發明或研究的其他配方，都可以跟草藥粉末混合成基底粉，比如滑石粉。我在鋪粉末這一小節中有提到滑石粉，不過它也可以像一般的爽身粉一樣用於個人。

製作住家用護身符

就像人身上會佩戴辟邪物一樣，護身符的設計是爲了給某個地方注入保護作用。我在上一章已經講過鐵的運用，以及用鐵柵欄把靈體擋在裡面或外面。鐵作爲家中的護身符，另一個用途就是隨處可見的馬蹄鐵了。關於馬蹄鐵有很多傳說，其中有些是相互矛盾的。例如，有些人認爲必須把馬蹄鐵的前端朝上掛起來，否則好運就會用光；另一些人則認爲必須將前端朝下掛，這樣好運才會降臨到你身上。我放下我的觀點，請你們信賴自己的直覺和偏好。

馬蹄鐵作爲護身符的起源在古代便已消失了，但一些人認爲它起源於一個祕密的月亮女神崇拜符號，因此與冥界的迷信有關。還有一個傳說是馬蹄鐵的力量來自於聖鄧斯坦（St. Dunstan），他在最終成爲坎特伯雷大主教之前是一名鐵匠。故事是這樣的：他被要求給魔鬼的馬釘上馬蹄鐵，但他卻反而把馬蹄鐵放在魔鬼的蹄上。唯有魔鬼答應不再打擾一個掛著馬蹄鐵護身符的住家，他才會同意把它取下來。

也有馬蹄鐵護身符，上面有著用藍色玻璃製成的眼睛，這是我們在前面談到的邪眼護身符的一種版本。這些護身符不僅可以配戴，還可以掛在家裡或車上。

鏡子是另一種非常流行的驅邪方法。在中國，人們普遍會使用八卦鏡。他們將被八個邊圍繞的八卦鏡放在門口和窗戶上，用來避邪。在摩洛哥，經常可以看到漢莎之手或眼睛形狀的大鏡子，可以用同樣的方式擊退邪惡力量。想用鏡子來保護住家的話，你可以在工藝品店購買小圓鏡，把它放在門口和窗戶附近，藉此反彈傳送給你的負面能量。如果你想要更複雜一點，你可以把鏡子放在一個小的木製圓盤上，並在玻璃的周圍設置保護符號，如圖4.1：

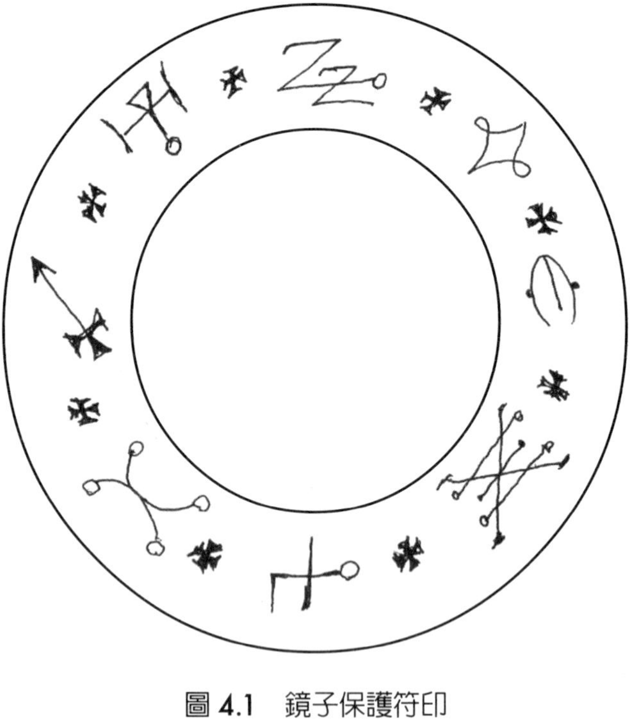

圖 4.1　鏡子保護符印

當你把鏡子放在適當的位置時，開口施咒，如下：

鏡之盾，你所在之處，
沒有法術能通過，你能招引
所有的惡魔在你的鏡面上，
所有惡魔被驅逐出此地，
以可畏的黑卡蒂之名，
順我的意，
如我所願。

某些樹或木頭據說也可以防止超自然的攻擊。在英格蘭的一些地方有一種習俗，是用山楂樹與黑刺李的圍籬來驅趕靈體。山楂樹也是一種傳統的木材，用作刺穿吸血鬼的木樁。在波士尼亞，人們會把山楂放在屍體的肚臍上，以防止屍體復活。傳言紫杉樹可以阻隔亡靈，因此人們會在墳地裡種植紫杉樹。把任何種類的帶刺樹枝掛在門口以阻擋巫師，是另一種在整個歐洲傳播的習俗，也存在於印地安人當中。在英格蘭，用紅線捆綁的十字架是另一種流行的抵禦巫術的護身符。所有這些保護性的木頭都可以綁在房屋的椽條和橫梁上，以加強房屋結構並抵禦巫術攻擊。

房屋護身符的另一種類別是那些被認爲可以嚇走惡魔的靈體。其中最著名的當然是石像鬼或獅鷲獸，幾乎所有大城市的許多建築與教堂上都能看到它們。石像鬼曾經用在建築上引導雨水，但由於它們那可怕的外觀，也被視爲是建築物和當中居民的保護者。在西藏和尼泊爾，金翅鳥的金屬或木頭形象經常能在門的上方看到（見圖4.2）。金翅鳥是一種令人恐懼的神祕鳥類，能解決由邪惡的龍神納迦所引起的麻煩㉒。金翅鳥最常被看到的模樣是嘴裡銜著一條巨蛇，正是象徵此一特點。

這類護身符的另一種是菱角，它是一種中國植物的種子，有時被稱爲水栗子㉓，看起來有點像長了角的魔鬼或蝙蝠。我在尼泊爾和美國曾見過人們用它來保護自己，在這些地方，它被稱爲惡魔果實或蝙蝠果實（見圖4.3）。一般來說，它會被掛

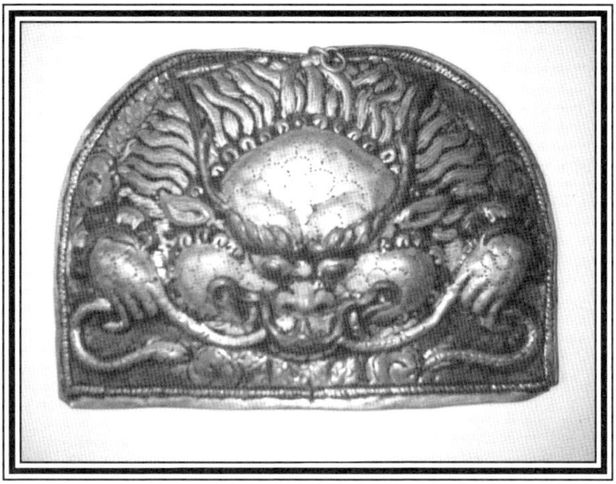

圖 4.2　金翅鳥門前護身符

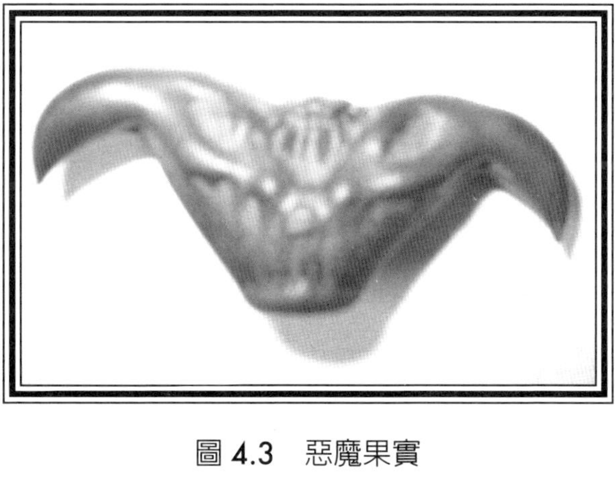

圖 4.3　惡魔果實

㉒這並不是說納迦天生就是邪惡的。祂們並不邪惡。事實上，祂們經常被用在喜馬拉雅地區的法術和薩滿教中，具有安撫作用。然而，某些納迦如果被激怒便會引起問題，譬如金翅鳥引起的作用。

㉓不要和荸薺混淆，在中國餐館裡，荸薺通常也被稱為水栗子。

在門的上方，這樣它就可以像金翅鳥或石像鬼一樣嚇走惡靈。我在第六章討論守護靈時，會進一步討論這些護身符以及它們在靈魂之家的用途。

做誘餌

有些護身符並不是用來驅趕惡靈的，而是用來作爲誘餌以便吸收攻擊你的力量。其中最著名的護身符是巫瓶。在英國和德國之間，考古學家已經發現了數百個巫瓶。在十七世紀或十八世紀，一戶人家在這片土地的某個地方埋一個巫瓶並不罕見。巫瓶可以用玻璃或陶瓷瓶製成，在瓶子裡加入九根針、九根大頭針和九根釘子。也可以根據你的需求加進其他鋒利的物品，比如魚鉤與刮鬍刀；你也能加入致命的草藥，比如顛茄和毒芹。最後，你還需要把你的尿液添加到瓶子裡。尿液會吸引尋找你的靈體和法術，鋒利的物品則會纏住並摧毀它。有些人也會把頭髮和指甲放進瓶子裡，但我建議不要這麼做，因爲如果瓶子被找到了，這些東西會被取出並作爲對付你的巫術連結。我想尿液也可以被取出來對付你，但尿液乾了之後就很難取出了，更不消說如果尿液未乾的話，也是非常令人討厭的。最後，把瓶子密封起來，埋在你的房子裡，通常是埋在走道或門檻下面。這是一種古老的信仰，如果一個意圖傷害你的巫師從瓶子上走過去，他或她會當場經歷巨大的痛苦，甚至可能死亡。

另一種魔法誘餌只是蛋而已。要使用這種咒語，你要用右手拿一顆煮熟的雞蛋，然後順時針繞住家三圈。當你這樣做的時候，可以使用下面的咒語：

生命的種子，我向祢祈求，
沒有邪惡在祢面前駐留。
在祢圍繞之處沒有混亂、沒有詛咒，
也沒有障礙滯留。
所有的魔女、幽靈和狩獵的亡靈
都從我身邊被引到祢身邊。

我以黑卡蒂女神的力量加持
保衛我們的家園。

拿著雞蛋繞著房子轉了三圈之後，你可以把蛋放在一個盒子裡，然後埋在門階下或是把它砌進房子的牆內。你也可以把它放在祭壇上，它在那裡不僅是一個誘餌，也是一個警告，因爲據說雞蛋若吸收攻擊能量就會破掉。

設陷阱

我們要考量的最後一種保護住家的方式，是靈體陷阱。幾乎所有的文化都有誘捕或糾纏靈體和咒術的方法。在尼泊爾和西藏，經常可以看到爲了這個目的而做的十字繩結⑬，將五種顏色的線纏繞在一起，代表五行中的每一種元素。這些線繩隨後被賦予祭祀儀式，並且奉獻給特定的譚崔守護神。類似的步驟也用於由相同的五條線繩組成的圓來劃定邊界。

有個非常流行的法術是把九根橙葉莢蒾樹枝（也被稱爲魔鬼的鞋帶）埋在人行道。在這樣做的同時，你發出了保護性詩篇或咒語，或者你也可以對每個人低聲說一個簡單的咒，比如：

扭曲、糾結、
絆住並束縛，
把所有的邪惡
都扔到地上。

三角形通常被視爲是一種可以誘捕靈體的形狀。有一些證據顯示，現代帳篷樁的三邊形是起源於蘇美人用來釘住靈體的樁。這一傳統在西藏和印度以著名的普巴

⓭這種十字繩結稱為「南卡」，會根據個人生辰而設計，而且有特定的法門可以修持。

杵或是雷釘而流傳下來，它們在主流電影如《魅影魔星》（The shadow，一九九四年）和《橫掃千軍》（The Golden Child，一九八六年）中都曾出現過。在普巴儀式中，一個被稱爲林伽（linga）的雕像被放置在一個三角形的中心，這個三角形要麼畫在紙上，要麼畫在地上。有時則會使用一個三角形的鐵盒。接著，人們透過一系列的心咒和手印㉔來召喚導致障礙的靈體或哲帕（惡靈），將祂們困在三角形中，然後用普巴杵殺死祂們。

我們在《蓋提亞書》中發現了類似三角形的用法。在書中，靈體被召喚到一個三角形中，標記著各種神聖的名字，比如大天使米迦勒。三角形被放置在保護圈內，而被召喚的靈體被迫出現在裡面，唯有當魔法師準備好的時候才能被釋放㉕。

本書的原文書封面上有一個三角形的靈體陷阱（見圖4.4），它在黑卡蒂信徒的一系列工作中出現在我面前，啓發了這本書中的許多咒語。可以將這個符印燒進合適的木材中，比如橡木，或是用龍血墨畫在紙上。無論這個符印是怎樣被製作的，它都應該在接下來的儀式中被聖化。

圖 4.4　三角形靈體陷阱

㉔ 用雙手擺成特定姿勢。

㉕ 與普遍的看法相反，《蓋提亞書》並沒有要求將三角形用於它所列出的所有靈體，只用於其中最叛逆的靈體。其中有三種是特別需要三角形的。

靈體陷阱儀式

在新月的時候，給黑卡蒂女神的供品應該擺放在離家最近的十字路口。如果有三岔路口是最好的，但如果你找不到，那麼四岔路口也可以。此外，若有個嚴重的攻擊事件，而你不能等到新月的話，你應該在你最需要的時候直接行動。這個獻供裡應該包括供奉給黑卡蒂女神的食物，比如紅鯔魚、麵包、生雞蛋、奶酪、大蒜、蛋糕和蜂蜜。你也可以用附子和蒲公英等藥草。（請注意：附子被當作是一種致命的毒藥，應該用對待這種物質所需的謹慎態度來處理。）

真心地召喚黑卡蒂女神：

我向有諸多名字的眾神之母致敬，
祂的兒女都是美麗的
我召喚偉大的黑卡蒂女神，門檻的女主人
祢狂野不羈地穿越墳地與火葬場
身披藏紅花外衣，綴以橡樹葉和盤繞的蛇
成群的鬼魂、狗與永不安寧的靈魂跟隨著祢
我來向祢求助
我以祢的祕密名字呼喚祢：
阿克緹菲絲、埃列什基伽勒、奈博德蘇勒
賜予這符印力量吧！
它可以迷惑那些造成傷害與麻煩的靈體
願恩普莎（Empusae）與它困在一起

願拉米亞（Lamia）與它困在一起
願摩耳摩（Mormo）與它困在一起
願維科拉卡斯（Vrykolakas）與它困在一起
願阿波托派歐伊（Apotropaioi）與它困在一起
願所有的幽靈、幻影與寇寇達蒙（Kakodaemon）[26]
被拉進三角形中
永遠生活在封印的範圍內。
黑卡蒂女神，門檻的女主人，
請接受我的供品並祝福這個符印。

完成後，這個符印可以放在房子的任何入口處，可以放在門口或窗户，或是地板下。讓直覺成為你的嚮導。

如果你發現你需要把一個特定的靈體拉進符印中，你可以畫一個較大形狀的符印，用毛蕊草莖沾油，將它放在符印中央（亦即裡面兩個三角形接觸之處）。點燃草莖，用你自己選擇的詞彙，切合情況，召喚該靈體進入符印。以阿克緹菲絲、埃列什基伽勒、奈博德蘇勒之名來捆綁它。

㉖ 這裡的若干名字都是希臘神話中特定被認為有害的靈體名字。例如，恩普沙、拉米亞和摩耳摩是以兒童為食的靈體。維科拉卡斯是吸血鬼。阿波托派歐伊是鬼魂和各種難以安眠的死者。寇寇達蒙的字面意思是「邪惡的靈魂」，是一個包羅萬象的詞。

有了這些方法幫你布署，你要在你家防禦幾乎任何一種巫術攻擊應該都沒有問題了。當然，經常舉行驅逐儀式、冥想和獻供是你主要的防禦手段。在家裡經常做這些練習會讓整個氛圍充滿力量，爲你贏得靈界的盟友。一般說來，這麼做能夠讓這個家成爲你能安全地專注和放鬆心靈的機制。

5

正視驅魔的嚴肅性

附身或著魔

當防護失敗或根本沒做防護的時候，就需要驅魔了，因爲敵方的智慧已經占了上風，並且對某人或某地產生了不利的影響。簡單的驅逐儀式和祝福並沒有成功驅逐靈體，所以必須做更多的事情了。驅魔師透過他或她的精神權威來趕走靈體。事實上，驅魔這個詞來自希臘單字 exorkizein，意思是「透過誓言約束或下指令」。這裡提到的誓言是指驅魔師在眾神面前所做的發誓，驅魔師可以用這道力量來命令靈體。

一般來說，驅魔可以解決以下兩個問題之一：附身或著魔。

附身是指一個人被入侵的靈體所侵擾。症狀範圍很廣，從受害者僅僅感覺到他的體內有另一個存在，到靈體透過被影響者的肉體與聲音表現出來，宿主人格完全轉移。眞正的附身是罕見並且難以處理的。在這個領域，心理問題和超自然問題之間的界線非常模糊，通常需要結合兩種治療方法才能完全康復。

著魔更爲常見，可以被定義爲一種持續、侵入性的敵意存在，透過各種暗示的手段讓別人知道自己的存在。著魔可以影響一個人或是一個地方，症狀可以從簡單感覺到邪惡的存在，到幻視和偏執，再到物理現象，比如被推下樓梯或物體自行移動。到目前爲止，著魔最常見的症狀是晚上躺在床上時，胸部有重物壓在身上，有時會導致暫時的癱瘓。

需要澄清的是，著魔的案例並不僅僅是鬧鬼而已。要驅魔的原因不只是因爲一種中立的靈體或力量的存在干擾，而是一種對人類懷有敵意的靈體或力量正積極地傷害我們。對一些人來說，鬼魂可能是奇怪又令人不安的，但祂們不是攻擊的力量，最好的處理方式是獻供、驅逐、祝福等等。

任何形態的驅魔都不可以輕率進行。附身的個人案例最好留給專家處理。在任何情況下，如果不先用盡心理與醫療方式，就不該對被附身的人進行驅魔。如果要進行驅魔，就必須與這些領域的人協調。事實上，大多數基督教的教堂在進行驅魔儀式之前，都需要得到主教的書面批准和大量的證據，這正說明了驅魔儀式的嚴肅性。在沒有恰當準備的情況下進行驅魔的教堂與個人，通常會對他們的個案造成嚴重的傷害。不需要捨近求遠，就可以找到關於在驅魔過程中發生的虐待、甚至死亡的新聞報導。因爲人們在驅魔過程中有時會產生激烈的反應，所以應該錄製驅魔過程，並且有幾個人在場見證。每個人都應該知道在緊急情況下該做什麼。藥物鎮靜或施以一些約束可能是必要的，而這當然會帶來法律問題。進行驅魔儀式的人會被控襲擊，甚至謀殺。二〇〇五年的電影《驅魔》（The Exorcism of Emily Rose）大致是根據德國的安妮莉絲・米歇爾的案例改編的，並指出了這種做法固有的一些危險。

我再怎麼強調這些觀點也不爲過，我希望任何一個讀到這本書的人，如果有人請求驅魔並聲稱自己被附身，他會把這些警告記在心裡。事實上，如果這是你第一次讀到這篇文章，那麼在沒有一個更有經驗的人指導下，你根本不應該嘗試驅魔。

對一個人或地方產生著魔的情況，比附身更常見。而且更有可能的是，你將不得不進行這種類型的驅魔，而不是眞正的附身。雖然他們不用考慮所有驅魔時需要衡量的條件，但著魔的情況仍舊有風險，不應該隨意進行。

驅魔是透過意志的鬥爭來完成的，爲了獲勝，你的意志必須與一些超越你個人慾望和渴望的東西連結在一起。你的意志必須要與神的意志一致。眾神或宇宙的意志藉由你而顯化，你必須完全相信這一點，這樣驅魔才會成功。當你開口的時候，你的話語承載著意志的重量，藉由這種信念，你可以命令一個靈體離開。僅僅相信你可以接通這種意志是不夠的，你必須要了解它。

你不應該嘗試自己驅魔。有一次我在試圖驅魔的時候，開始發高燒，接著就昏倒了。事實上是一位助理把我扶到屋外，我們重新部署，然後再次走了進去。我們最終成功了，但如果我是一個人做的話，我不曉得會發生什麼事。對於每一種可能的情況，你都應該有一個應變計畫。一旦開始，就必須一直進行下去，直到成功爲止，即使這意味著要在一段時間內多次重複這個儀式。如果開始驅魔，接著又完全放棄，情況會比你開始的時候更糟。

祈求力量與祝福

經過深思熟慮，我選擇不在本書中放進一個特定的驅魔儀式。我將給出一個應該做什麼的大綱來取而代之。我之所以選擇這麼做，是因爲我想讓大家明白，眞正能做這件事的不是儀式，而是做這件事的人選。即使是最複雜、歷史最悠久的儀式，倘若執行儀式者不了解自己的眞實意願，也無法接觸到更高的力量，那麼以戲劇性的精準度進行儀式也不會有任何效果。一個對自己身爲更高力量的代表有自覺的人，具備了背水一戰的信念，便可以藉由重複地告訴惡魔離開、永不回來，執行非常有效率的驅魔。任何準備進行驅魔的人都可以找到或建構一個儀式，使用以下的架構作爲指南。如果你不能組織好一個儀式，那麼你就還沒有準備好舉行儀式。

當你的團隊裝備好以後，你們應該聚在那個地方驅魔，或是爲周遭的人驅魔，堅定地表示你們要做什麼：你們聚在一起是爲了趕走一個充滿敵意的存有，你們將以更高力量的名義這麼做。領導人應該問每一個人是否準備好了。如果每個人的回答是肯定的，你就可以繼續下去。這個步驟不能跳過。即使每個人都事先同意他們會繼續做，但有些人只有在他們即將投入的時候才會失去勇氣。在這裡面對有敵意的生命體，每個參與者都必須投入於手上的任務。倘若有人在這個時候退出，不要試圖去說服他或她。當有人給出否定的答案後，如果你沒有足夠的人手繼續下去，你便應該放棄這個儀式，直到你有更多的人手時再開始。

你有哪一種更高等的力量支持，是由你來決定的。如果你能和任何你所依賴的神或力量建立長久的關係，那是最好的。許多人建議應該按照你生來的宗教信仰來做這件事。雖然我不會太過火，但我要說，正式的啓蒙或皈依宗教是有幫助的。這樣的啓蒙實際上是精神層次上的有形盾牌，可以很順利地幫上你，以防在驅魔期間出現困難和危險。如果你未具有這樣的啓蒙，那麼至少你應該與你正在召喚的力量有著堅若磐石的關係。

雖然現在似乎很流行這麼做，但在任何情況下，你都不應該只是簡單地查閱神和女神的字典，而應從不同的萬神殿儘可能多選擇一些符合你要求的神明來進行驅魔。重要的是品質，而非數量。同時召喚瑪爾斯（Mars）、馬杜克（Marduk）、米迦勒、奧岡（Oggun）、荷魯斯（Horus）和索爾（Thor），不會像召喚一個或至少一個與你有密切關係的神那樣對你有幫助。

無論你所依賴的是神、聖徒或佛陀，所有在場的人都應該虔誠地向那股力量祈禱，使祂顯現出來。英國神祕學家伊斯瑞．瑞格德（Israel Regardie）的建議是「用祈禱點燃你自己」，這是你應該爲之奮鬥的。一旦祈請了這位神靈，你應該向祂祈求力量與祝福。你們都應該感受到，你們所代表的力量使你們成爲可敬的捍衛者。你必須對此有全然的信心。

這有時有益於召喚，特別是召喚好戰的神靈或是你在運作的力量形態。舉個例子，在猶太教與基督教的脈絡中，召喚上帝之後，你可以召喚大天使米迦勒或聖喬治。在佛教的背景下，召喚了上師與佛之後，你會召喚一個憤怒的本尊，比如普巴金剛或馬頭明王。一個女巫召喚了黛安娜女神（Diana），然後可能會召喚阿蘭迪亞現身，甚至是一個更憤怒的女神，而黛安娜與她有關聯，比如阿提米絲（Artemis）。

取得存有的名字

現在，你可以對一切的邪惡與災厄說些一般的內容了。不要把注意力集中在特定的邪惡力量上，而是命令一切邪祟與災厄離開被驅魔的人或地方。以你祈請的力量之名，重複這個舉措。驅魔不是擔憂政治正確的時候，所以別迴避使用邪惡、不潔和惡魔等等的字眼。這樣的字眼有助於讓你將自己的力量發揮到極致，清楚地表達討價還價與講和的時間已經結束了，驅魔的目的是摧毀或清除有敵意的存有，僅此而已。

現在正是以名字來解決這個麻煩存有的時候了。一開始很簡單，問一下你可以叫祂什麼名字。你可以要求知道祂的名字。命令祂告訴你。在附身的情況下，這個存有有可能（但不保證）會藉由附體來說話，你可以與入侵者交談，就像你與你面前的人交談一樣。在著魔的情況下，著魔的人可能會聽到說出的名字。有可能你或你的團隊中有個敏感的人會聽到這個名字，在空氣中或是腦海中浮現出來。你不應該試著透過靈應盤或類似的設備來猜測這個存有的名字。這樣的工具讓靈體在物質層面上有一個更強的立足點，並且只用於友善的交流，如果你正在進行驅魔，這就遠遠超出你的能力範圍了。

不要花太長的時間去試圖取得這個存有的名字，你要讓儀式在防禦上繼續前進。如果你無法感知這個存有的名字，則應該爲其命名。這可以當場做或事先做。實際的名字並不重要，你應該仰賴自己的靈感來尋找名字。這個命名的概念將這個存有帶入人類的場域，使祂更容易對付。你可以這樣說：

「由於祢不會用我們能理解的方式來稱呼祢自己，我就爲祢取名吧！以神的力量，我爲祢命名爲＿＿＿＿。祢就是＿＿＿＿。」

一旦侵略者被命名了，你就應該直接用祂的名字來稱呼祂。以你的諸神之名命令，要求祂離開。你要堅定地了解你有權這麼做。你心裡可能會有所懷疑，這是因爲這個靈體在你的場域中跟你搏鬥。要知道光和生命的法則是站在你們這邊的。這是戰勝的唯一途徑。

結束儀式

有時，你會感到一種突然的輕鬆感瀰漫在空氣中，通常那就會讓人普遍認爲這個存有已經被驅逐了；有時候則很難判斷，尤其是在不太顯眼的情況下。有一個結束對峙高峰的方法，就是把該存有的名字寫在一張紙上，然後把它放在一個三角形中。三角形可以是平面的，或是一個符印，就像我在上一章中提到的《蓋提亞書》或黑卡蒂信徒的靈體陷阱那樣。無論你用什麼，三角形都不應該是紙做的，因爲它必須承受得起燃燒紙張上的名字。

以火元素之名命令這個惡魔，並且點燃這張寫上名字的紙。以水元素之名命令這個惡魔，並且淨化剩下的一切。以土元素之名命令這個惡魔，並且在灰燼上撒鹽。以土元素之名命令這個惡魔，以你的呼吸吹走剩下的東西。在空中畫一個等臂十字，並以眾神和儀式中祈請的力量之名命令這個惡魔。宣告這個靈體被祛除、驅趕、放逐到甚至連祂的名字都不存在的範圍。把命名紙的灰燼掃乾淨，立刻把它們帶到建築物外面。最後，你可以把它們扔進河裡、讓它們隨風飄散、或是把它們埋在十字路口。

無論你是否以焚燒命名紙的方式結束儀式，在儀式結束時，你都應該感謝被祈請而來的力量，花幾分鐘來讚美祂們。

立刻淨化這個房間，放置保護的結界和護身符，就像前面幾章討論過的，在建築物中用於驅魔和保護受害者的護身符。在那個房間做完驅魔和地板清洗幾天之後，讓所有人都進行保護與淨化的沐浴，是一個很好的主意。

傳統上，薰香是在驅魔過程中使用的，你可以隨意使用第四章中的配方或任何你喜歡的薰香味道。應避免使用像巖愛草和毛蕊花這樣的藥草，它們被用來做成實現願望的薰香。

作爲驅魔目標的人或地方應該被監控幾個星期，並且要記錄這些人或地方是否有任何奇怪的現象或是復發的症狀。驅魔儀式要進行不只一次是很常見的，你可能需要重複這個過程三次或更多次。我強烈建議對儀式進行錄影或至少要錄音。我想再次重申我的建議：當一個人被附身的時候，我們應該非常小心地對待他。這些問題應該由專家處理，並與醫療和心理健康專業人員合作。

6

靈界護衛與僕人

咒語和靈體

在整本書中，我們一直在討論靈體，祂既是潛在攻擊的來源，也是防禦策略的源頭。在繼續討論下去之前，我想花點時間大致談談靈體和魔法的本質。因爲魔法師和巫師所面對的很多東西，對於未受訓練的人來說是看不見的，所以很多人很想爲魔法的傳統面向尋找心理學上的解釋。從這個角度來看，法術並不是爲了改變外部世界，而是爲了「自我賦能」。靈魂不會被看作是脫離肉體的智慧體，而是心靈的面向或投射。

在卡爾．麥考曼（Carl McColman）的〈威卡教系統底下有咒語嗎？〉（Is Wicca Under a Spell?）[27]一文中，引用了澳洲社會學家道格拉斯．伊茲（Douglas Ezzy）的話來評論咒語本身：

「咒語書鼓勵人們透過自我探索與自我肯定來掌控自己的生活。」

此外，「施展魔法咒語的功能即是一種途徑，讓人重新發現施展魔法與賦予玄學面向的生活。」

麥考曼進一步詮釋這一部分：

換句話說，咒語不僅僅是讓你隨心所欲的魔法配方；它們是一種微型的儀式，旨在日常生活中培養神祕感與驚奇感（伊茲稱之爲「魔力」），並且在施咒者的生活中喚起積極的力量與希望。即使施咒不能讓你變得富有或贏得愛情，但它可以給你希望，這樣的祝福在你的生活中眞的是有可能的。

㉗卡爾．麥考曼（Carl McColman）的文章〈威卡教系統底下有咒語嗎？〉（Is Wicca Under a Spell?），www.beliefnet.com，二〇〇五年。

因此，幫你找到工作的咒語可能會建立你的信心，但不會直接影響面試官的想法或招聘過程。這個說法的意思是，魔法提供了神祕的儀式、奇蹟和自我肯定，以及你能夠實現咒語最終目的的希望。這一切都是非常美妙的，魔法確實可以提供所有這些東西，但很顯然的是，歷史上的魔法師和巫師對他們咒語的期望，比一個淨化儀式還要更多，而我支持他們的想法！[28]

在現代，許多受人尊敬的魔法師也將靈體視爲心念投射。甚至在古老的魔法書中，比如《蓋提亞書》，以及最古老的書《雷蒙蓋頓》（*Lemegeton*）[29]，也被現代作家這樣看待。朗．米洛．杜奎特在他的文章〈魔鬼是我們的朋友〉（Demons are our Friends）中寫道：「無論你喜不喜歡，我們天生都擁有一套完整的蓋提亞惡魔（六組，每組十二位，共七十二位）。」在這樣的態度上，他所追隨的權威絲毫不亞於阿萊斯特．克勞利。克勞利在他翻譯的《所羅門的蓋提亞書》（*The Book of the Goetia of Solomon the King*）序言中寫道：「《蓋提亞書》中的靈體是人類大腦的一部分。」

雖然我非常尊重這兩位魔法師的作品，但我必須表示反對。我的經驗是，雖然某些靈體似乎能夠與我們的大腦互動，並通過大腦與我們對話，但祂們並不受此限制，祂們的行爲方式遠遠超出了人類大腦的範疇。但是，正如普通人的感知受限於自己對於神靈與魔法缺乏信仰一樣，許多魔法師和巫師的感知也受到他們心理導向的觀點制約。

這些觀點有時也適用於魔法本身。有一次，費城的東方聖殿騎士團計畫要召喚一個《蓋提亞書》的靈體——惡魔瓦沙克（Vassago）的時候，我在那個組織中一直都是負責召喚的魔法師，有一位姊妹則是水晶靈視占卜師，團隊中有一個人開始非常關注「是誰召喚瓦沙克」，我們打算進入三角形中召喚——用我的三角形或是水晶靈視占卜師的。當我向他解釋說，我們是按照傳統方式來看待這個問題，瓦沙

㉘如果你對這一觀點感興趣，可以看看我的文章〈施咒：女巫的技藝〉（Spell Casting: The Witches' Craft）。

㉙也叫作《所羅門的小鑰匙》（*The Lesser Key of Solomon*）。

克就是瓦沙克，而不是某個人的部分靈體被扔進水晶球裡，他看上去非常擔心我的神志是否正常。這種思維方式會對儀式本身造成嚴重的限制，很可能將其簡化爲人們所期待的純粹心理上的事件。

無論你對靈體的看法如何，很明顯的，古老的魔法書是爲了祂們的儀式而寫的，就好像靈體是一種獨立的、脫離肉體的智慧體，而不僅僅是你大腦的一部分。即使你認爲靈體是你心靈的一部分，通過你的信仰，儀式產生了作用，而如果你把靈體當成是一個獨立的生命體，那麼無論靈體的本質爲何，在你召喚靈體的時候，比起把進入儀式的過程當成是一些心理技巧，更能獲得較佳的成果。

在我的練習中，經驗讓我接受了關於靈體更傳統的觀點——哪裡有空間，哪裡就有意識，而這種意識顯現爲擁有不同性質和力量不同類別的存在。有些意識是局部的，有些不是；有些意識只能用你頭腦中的信息來表達祂們自己，有些則能像一個人站在你面前一樣清楚地跟你說話。有些靈體對物質世界有影響，有些則沒有。無論你在這個問題上的個人觀點和信仰是什麼，我都鼓勵你按照這種傳統的觀點來對待祂們，因爲這是經驗告訴我會產生的最好結果。此外，正如我的一位魔法導師克里夫．波利克（Cliff Pollick）曾經告訴我的：「沒什麼比被你不太相信的東西在屁股上咬了一口更美妙的了。」如果有這種情況，當它發生的時候，你可能會發現你比想像中更需要這本書。

守護靈

就像靈體有時會造成傷害一樣，祂們也能抵禦其他靈體。在幾乎所有的宗教中，祈求神明和靈體幫助的做法都很普遍，人們不需要接受巫術方面的訓練就能祈求幫助。雖然一般的祈禱有時是有效的，但在某些特殊的情況下，巫師會想要使用一些更可靠的防禦方式，而不是僅僅把情況交給神明來處理。因此，我們尋求與各種守護靈發展一種關係，並學習召喚祂們、說服祂們來幫助我們的方法。

在大多數魔法世界觀中，都有非常強大的、甚至是全能的神明，是人們崇敬或崇拜的對象。這些存有通常被看作在某種程度上脫離了物質世界，因此與日常生活的情況不太有交集。由於神明與人之間的這種距離，因此經常會有一群神靈被請求幫助人們物質上的問題，祂們被認爲比高階神明更有可能干涉我們的事務。在第四章中，我們提到過利用死去之人的靈體，藉由其墓地的墳土來進行防禦，但是奸巧的魔法師還可以使用其他類型的靈體。

例如，西藏有一種稱爲護法神（Dharmapalas）的存有，祂們當中的大多數是西藏的神靈，在佛教於八世紀傳入雪域之前接受過血祭。祂們知道佛教徒反對以動物祭祀，所以祂們給藏王製造了很多麻煩，因爲藏王想要建立寺院、認可佛教。蓮花生大師被召喚而來，遍歷西藏並馴服這些靈體。因爲這些靈體與物質層面的聯繫非常緊密，蓮花生大師便迫使祂們當中的許多位成爲守護神，並承諾將爲祂們提供食子（糕點），以取代祂們所習慣的血祭。直到今天，藏傳佛教仍會供奉形狀和顏色像流血首級的糕點，以此來安撫這些護法神㉚。

在天主教和受天主教影響的巫術（如胡督巫術）中，我們有天使和聖徒進行調解，這被認爲比召喚上帝更有效，因爲祂們就像護法神一樣，在物質層面和人類經驗的聯繫上更爲緊密。在巫毒教中，洛阿神靈（Loa 又被寫成 Lwa，代表萬物的規律）也有同樣的功能，祂們當中的大多數都是人類祖先，已經被提升到一個更高的層次，現在則爲族群服務。眾所周知，歐洲的巫師們曾向各種熟悉的神靈求助，並且有著跟水中仙子和女妖精等神靈打交道的悠久歷史。中世紀儀式魔法的魔法書主要是由基督教的神職人員編寫的，充滿了靈體的分類，據說可以快速且強效地滿足召喚祂們的魔法師的請求。

由於這些神靈不像高階神明那樣遠離人類，祂們也不像高階神明那樣開明，因此有時與祂們共事會很危險，所以必須用強硬的手段對待祂們。以西藏爲例，雖然護法神是受誓約約束的，但也有爲每位護法神服務的靈界隨從，其中一些被認爲是德拉帕（dregpa），意味著這些靈界隨從很傲慢，很容易被冒犯。正因如此，每當

㉚ 當然，並不是所有的護法神都必須被迫服事。有些護法神為佛法服務，因此被認為特別和善。多傑林巴（Dorje Lekpa）就是這樣一個神靈，祂的名字字面意思是「金剛善」。

護法神在儀式中被召喚時，做這件事的人就會以一個強大的、開悟的佛教神明的造形來代表，稱之為「本尊」（Yidam）。通常這位本尊的外表是非常可怕的，因此對較低的靈體是一種威脅。

在魔法書中，我們也看到過用類似的方法來捆綁有時難以控制的惡魔。在這種情況下，人們會引用上帝的各種名字，而魔鬼通常是一個祕密偽裝的異教神，被迫以一種清秀的外形出現，舉止彬彬有禮。通常這些咒語和約束會以一種愈來愈可怕和威脅的順序發布出來。《蓋提亞書》甚至建議把靈體的符印放在一個盒子裡，如果靈體拒絕現身，就燒掉這個盒子。

無論你來自什麼傳統，靈體通常是透過一些符號或與祂們有關的聲音來召喚的。在東方，心咒通常是指派給守護神的，而想要祈求某一特定靈體保護的人可能會反覆冥想這個靈體的心咒。為了祈求一位護法神的幫助，持咒一萬遍或更多次是稀鬆平常的。

在西方，靈體更常與符印連結在一起，而非咒語，儘管靈體的名字也是一個強而有力的連結。符印（sigil）一詞來自拉丁語 sigillum，可以翻譯爲封印或簽名。靈體的封印不僅是祂的簽名，而且是祂的電話號碼和地址合而爲一。在某些情況下，一個靈體的封印等同於靈體本身，因此，一個靈體的存在待在哪裡，祂的封印就在哪裡。

獲得靈體符印的方法千差萬別。在某些情況下，符印是將字母的組合（通常是靈體的名字）綁定在一起，這樣個別的字母都存在，但靈體並不會立即現身。在某些情況下，靈體的名字可以在刻寫板上找到，比如黃金黎明的玫瑰十字架拉曼和魔法師阿格里帕（Agrippa）的卡米亞斯行星魔方（planetary Kameas）。在後者的例子中，根據希伯來語，構成「卡米亞斯」魔方的數字被分配爲字母，並且用一個圓圈來標記它的起始點，用一條線來標記它的結束。

有些符號更像是象形符號，如海地巫毒教的「微微」（veves）。例如，力高爸老爹（Papa Legba）的「微微」包含一個十字路口和一根手杖，爾祖里耶（Erzulie）的「微微」是一顆心，格蘭布瓦（Gran Bwa）的「微微」看起來像一個樹人。每一件作品都傳達了洛阿特有的本質與聖像，其藝術風格深受法國鐵器工藝影響。有一些符印在《所羅門的大鑰匙》（*The Greater Key of Solomon*）和《小黑母雞》（*The Black Pullet*）中是非常圖片導向的，甚至可能有非常露骨的圖片和人物涵蓋在內。

也有一些情況，符印是由靈體或神明直接揭示的。當清楚地接收到且不受接收者表意識的過多干擾時，這些符印是最強大的，尤其如果你是那個直接收到旨意的人則會更加強烈。自動書寫、水晶球靈視占卜和寄夢術是最常見的模式，這些符印是由靈體那裡獲得的，你可以在你的天賦允許的任何程度內使用它們。

有許多不同的方法可以使用一個神靈的符印。有時它們被當作護身符佩戴或放置在家中。在凝視符印時，人們會說出神靈的名字以及任何與之相關的傳統祈禱或祈求。其他的方法包括向符印獻上供品，例如前面提到的「微微」。

在我寫這篇文章的時候，我的面前有一支蠟燭，上面用紅色畫著力高爸老爹的「微微」。在我今天開始寫作之前，我把一杯海灣蘭姆酒（Bay Rum）放在蠟燭前，藉著力高爸老爹的一首歌祈請祂，然後請祂幫我掃除白天經常出現妨礙我寫作的障礙。爲了報答祂的服務，我將獻給祂一顆椰子和更多的蘭姆酒，以及在書中提到這一點，以增加祂的知名度。

如果你選擇召喚一個來自既有魔法系統的傳統神靈，你應該盡一切努力恰當地遵循該系統的禮節。這對於接近那些仍然有一個非常活躍的、傳統的且毋需重新架構的異教傳統神靈尤爲重要，例如巫毒教、聖徒信仰、佛教和薩滿教。不要假設如果你用錯誤的方式接近祂們，神靈將會合作和諒解。如果需要獻供給神靈，你要確保這些供品與聖靈的本性相符。如果傳統要求你在接近那位神靈之前要先進入一個特定的層次，我強烈建議你在請求祂的幫助之前先經歷這個起始程序。至少你應該諮詢一下有這種傳統背景的人，或者以前跟這個神靈打過交道的人。折衷主義是好的，但它必須以智慧和尊重來完成。

舉個這類事情能有多恐怖地走調的例子。我認識的一個紐約巫師，在只讀了一、兩本關於聖徒信仰的書之後，就決定求助於奧里莎（Orishas）的幫助。由於他不太了解聖徒信仰的儀式結構，所以他使用了一種類似於儀式魔法的形式，並根據它們的元素屬性召喚奧里莎進入四方。在西方，他召喚了葉瑪亞（Yemaya），因爲祂是海洋女神，而西方與水元素有關。在北方，他召喚了歐亞（Oya），祂與群山、雷和墳墓聯繫在一起，這似乎完美契合了四方位的土元素。問題是，在約魯巴的傳統中，這兩位女神互相憎恨，因爲葉瑪亞欺騙了歐亞，用海洋的支配權換取墳場的支配權。大多數巫術小鋪甚至不會把祂們的蠟燭放在同一個架子上！這個不明智的人幾乎立刻就看到了他給自己帶來艱難處境的跡象。他最終失去了工作，並遭受到許多健康問題，直到他終於找到一個訓練有素的聖徒祭司（santero）來插手。

這種問題並不只存在於源自非洲的魔法。我也注意到一個美國人所引起的類似問題。此人開始修習兩種相互衝突的護法神：多傑雄登和一髻佛母。一髻佛母是寧瑪派㉛的護法神，而多傑雄登來自格魯派的一個小教派。多傑雄登這個神靈是如此偏執，以至於達賴喇嘛已經要求格魯派的每個人停止安撫祂。不幸的是，祂在物質方面的反應非常迅速，所以一些教派仍然給出祂的灌頂（儀式）。這個美國人必須經歷一個漫長的過程，才能擺脫多傑雄登的影響，她不曉得多傑雄登是一個對其他教派懷有敵意的靈體。

如果你選擇不與一個來自既定傳統的神靈合作，而是你自己有很多方法來聯繫靈體，那麼你可以從中得到名字和符印。如果你對你的獻供儀式很勤奮，比如在第二章中提到的那些儀式，你可能會注意到某些存有在周圍徘徊，你可以接觸這些存有，並詢問祂們是否願意爲你做靈界護衛的工作。你究竟如何做到這一點，很大程度取決於你自己的天分和涉入其中的靈體能力。有些人能夠建立直接的心靈接觸，有些人需要依靠占卜來獲得答案。有時白天問的問題會在夢中得到回答，或者當你在睡眠和清醒之間徘徊時得到回答，從而對無形的影響更加敏感。過度換氣、冥想、自我催眠、化學藥物或由此而來的任何組合也能誘發恍惚狀態。

㉛藏傳佛教的四大宗派——寧瑪派、噶舉派、薩迦派和格魯派，並不總是相處融洽。

某些人，尤其是儀式魔法師，強烈建議不要接觸任何出現在你的獻供上或只是在陸地上徘徊的靈體，我將其描述為「愚昧的唯靈論」。他們的論點是，魔法書裡的神靈已經被成功喚醒多年，祂們的本質已經為人所知，而潛伏在角落裡的東西可能是危險的，至少是不值得信任的。

雖然我尊重很多人有這種感覺的事實，但我覺得這種觀點站不住腳。首先，魔法師喜歡使用的魔法書裡有許多靈體，祂們的本性根本就不是友善、樂於效勞的。如果你打算燒掉魔法書中列出的一個靈體，只因祂不願意出現而折磨祂，那麼當地的神靈還會有多想跟你合作呢？

至於信任，雖然我同意盲目地相信當地的神靈是危險的，但我認為盲目地相信任何人也是危險的。魔法書中有許多天性邪惡的靈體。例如《蓋提亞書》中警告比利士（Berith）的靈體，無論你對祂施加什麼約束，祂都是不可信的。那麼你靠自己去跟出現在獻供儀式上或是當地力量之地的靈體交談，能有多糟呢？

這個論點的最後一個漏洞是，這些魔法書和靈體是由別人先接觸到的。有人推敲出名字和封印，然後寫了魔法書。這和跟各種未知的靈體一起工作沒有太大的不同。只固守著魔法書中或已知傳統中的那些神靈，有點像堅持「名人錄」指南中列出的人才能成爲你的朋友。我是不會那麼做的，你呢？

另一種連結靈界護衛的方式是祈禱並請求神明派遣一個給你。某些神靈和天使也可以讓你和祂們統轄的軍團中的役使靈接觸。舉個例子，前面提到的《蓋提亞書》承諾許多靈體，如摩拉克斯（Marax）、瑪帕斯（Malphas）、斯伯納克（Sabnock）、沙克斯（Shax）和安洛先（Alloces），在被請求的時候都能「提供好的僕從」。在第二章驅逐儀式中召喚的神靈——阿拜克、拜隆、厄米堤和迪穆加利，都是透過請求黑卡蒂派來靈界護衛，直接向我揭示的。每一尊神靈都有其符印和進一步的儀式，但這將不得不等待未來出書了。與此同時，根據驅逐儀式中給出的準則，祂們可以被觀想並召喚，無論是單獨的還是作爲一個群體都可以被召喚出來。

在第四章中，我提到了一些護身符，它們代表著一種凶猛的存在，可以嚇走靈體，比如尼泊爾和西藏的金翅鳥護身符、美國胡督巫術中的惡魔果實或蝙蝠果實（菱角），以及歐洲的石像鬼。每一件物品都有某種憤怒生物的外觀，致力於保護它們被安置的區域。和許多護身符一樣，它們的魔力來自於它們的外表，人們相信它們的外形本身就足以使它們有效。它們可以就這樣擺著，也可以通過充滿活力的祈禱和咒術被喚醒，但一般來說，人們認爲這個物品本身並不是一個靈體。然而，也有一些儀式可以召喚一個靈體到一個物體上，這個物體可以被放置在家裡作爲守衛，甚至可以配戴在人身上。

靈體可以居住在物體上的想法很古老，可以追溯到最早的史前薩滿教做法。將靈體暫時或永久地綁定到一個物體上，可以讓靈魂在物質層面上有一個立足點，也爲你與靈體的聯繫提供一個簡單的方式，給祂指示和供品。有些人對把靈體綁定到物體上的想法感到不舒服，認爲這違背了靈體的意願，但事實並非如此。靈體的本性有時被說成像火，就像火焰一樣，可以從一盞燈傳到另一盞燈而不會減弱它產生的火焰。這就解釋了爲什麼像四位大天使這樣的神靈可以被許多人多次有效的召喚，爲什麼像偶像和符印這樣的東西即使在好幾個物體上，也被視爲與本靈不可分割。

當然也有些例子是靈體全部被非常強大的術士抓住，比如據說所羅門王約束了《蓋提亞書》中的七十二位魔神，放進黃銅的容器內，第五世達賴喇嘛也曾經對多傑雄登做過一樣的事情。然而在這兩個例子中，靈體後來卻被不那麼熟練的巫師釋放了。

像石像鬼、惡魔果實和金翅鳥這樣的東西都是可以放置靈體的極佳物品。保羅．胡森在他的優秀著作《精通巫術》中，舉行了一場儀式，通過儀式，一個靈體或瑪吉斯提盧斯（magistillus，拉丁語意爲「小主人」）被吸引到曼德拉草根或愛娜溫中，成爲壁爐的守護者。曼德拉草，或稱毒茄蔘，因其根形狀像人而得名，而愛娜溫是用歐洲山梨木雕刻而成的人形。也可以建造更複雜的靈體之屋，比如巴雷羅的南迦（Palero’s Nganga），它通常是一個裝有各種物品的大鍋，比如裝著砍刀和聖木，用來幫助住在裡面的靈體。

下面的儀式是爲了建造一個靈體之屋，作爲阿波克夏斯（Apoxias）的家。阿波克夏斯是另一個由黑卡蒂女神向我透露的守護靈。阿波克夏斯以一個男人的形象出現在我面前，祂有著鏡像般的眼睛，皮膚呈墨綠色，一手拿著一個鈴，另一隻手握著一把鋒利的長劍。黑卡蒂女神指派祂守衛任何受到不公正攻擊的人，祂是一名出色的守護者和保衛者。

建造阿波克夏斯的靈魂之屋

阿波克夏斯的靈魂之屋應該用一個深綠色的瓶子來做㉜。在開始之前，應該用熏香和鹽水將瓶子袪邪。把瓶子填滿從以下地方而來的泥土，順序如下：

1. 墳地的泥土（不用來自某個特定的墳墓，只要是地面上的墳土即可）。

㉜我個人認為卡拉佩利橄欖油（Carapelli Olive Oil）的瓶子非常適合這個法術，但任何瓶子也都可以。

2. 警察局的泥土。

3. 銀行的泥土。

4. 教堂的泥土（或者寺廟或共濟會大廳，你知道的）。

5. 政府機關大樓的泥土。

6. 山上或周圍最高之處的泥土。

7. 湖岸或海灘的泥土。

8. 商店的泥土。

9. 十字路口的泥土。

所有這些地方的泥土都應該來自你家附近。你只需要從每個地方取一點，當你完成的時候，瓶子應該只有半滿。接下來將以下物品添加到瓶子中：

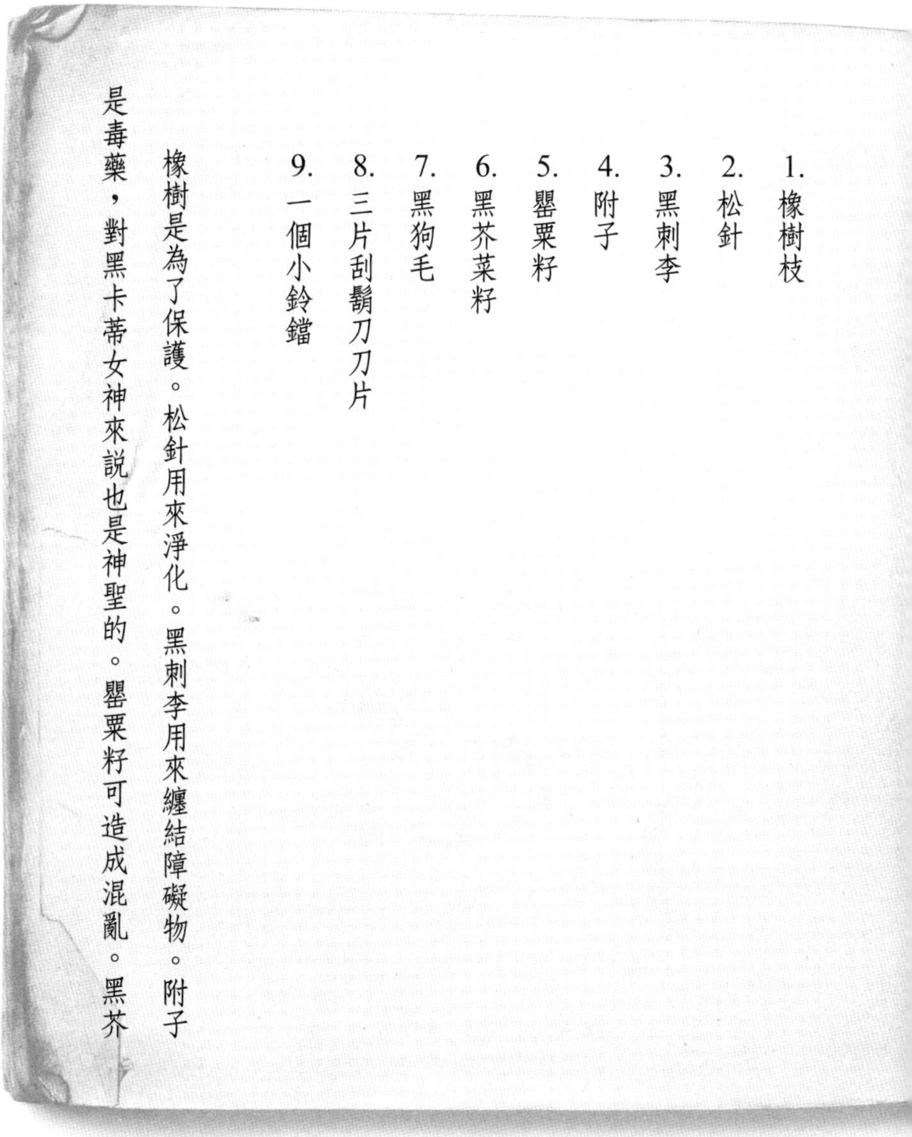

1. 橡樹枝
2. 松針
3. 黑刺李
4. 附子
5. 罌粟籽
6. 黑芥菜籽
7. 黑狗毛
8. 三片刮鬍刀刀片
9. 一個小鈴鐺

橡樹是為了保護。松針用來淨化。黑刺李用來纏結障礙物。附子是毒藥，對黑卡蒂女神來說也是神聖的。罌粟籽可造成混亂。黑芥菜籽可對敵人造成傷害。黑狗毛對黑卡蒂女神來說也是神聖的，並且可以讓阿波克夏斯可以追蹤和追捕入侵的靈體。刮鬍刀刀片象徵靈體的劍。鈴鐺代表靈體的鈴聲，同時對攻擊發出警示並迷惑敵人。

瓶子的外面，你應該貼上四面鏡子以面朝四個方位。這些同時代表著靈體的眼睛和其逆轉傷害給攻擊者的能力。你還可以在瓶外添加一條小鏈條和掛鎖，代

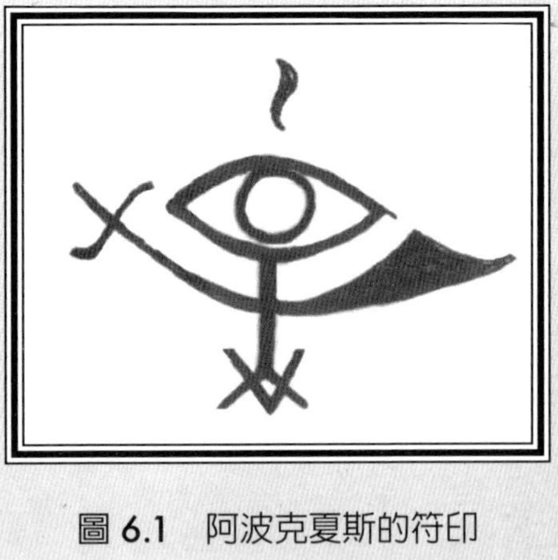

圖 6.1　阿波克夏斯的符印

表用來束縛敵人的鏈條。

最後，你應該準備阿波克夏斯的符印在羊皮紙上，不過現在要把它放在瓶子外面。

如果你能在新月時分於三岔路口進行儀式，那是最好。如果沒有辦法，那麼你可以在家裡或其他你覺得有力量的地方舉行儀式。無論你決定在哪裡舉行，儀式都必須在新月的時候進行。

首先，為黑卡蒂女神擺出一頓晚餐，這好比是為了強化靈體陷阱而補充能量。它應該包括對黑卡蒂女神而言神聖的食物，如紅鯔魚、麵包、生雞蛋、奶酪、大蒜、蛋糕和蜂蜜。你也可以用附子和蒲公英根等草藥做裝飾。你應該執行一個驅逐儀式，例如從第二章或你選擇的其他配方。完成驅逐儀式之後，靜坐片刻，保持沉默。

當你覺得你已經進入一個接收的狀態，你應該點一些神聖的薰香給黑卡蒂女神，如沒藥、艾草和毛蕊花。使用以下咒語召喚黑卡蒂女神，同時專注地凝視阿波克夏斯符印。

我向有諸多名字的眾神之母致敬
祂的兒女都是美麗的
我向門檻的女主人——偉大的黑卡蒂女神致敬
祢凌亂而狂野地穿過墳墓和火葬場
身披藏紅花外衣，綴以橡樹葉和盤繞的蛇
成群的鬼魂、狗與永不安寧的靈體跟隨著祢
我來向祢求助
我以祢的祕密名字呼喚祢：
阿克緹菲絲、埃列什基伽勒、奈博德蘇勒

偉大的黑卡蒂女神，派遣祢的天使阿波克夏斯來住在這間屋子裡
願祂住在那裡，發現祂所有的武器都在那裡
願祂守護我的家、我的家人，以及所有我珍愛和珍視的人
願祂能屹立不搖，抵擋那些邪惡的力量和領域
願祂能阻止入侵的惡魔
願祂趕走那些陰謀反對我的人
願祂殺到那些攻擊者的居所
並在他們門前戰鬥
我向有諸多名字的眾神之母致敬
祂的兒女都是美麗的
我向門檻的女主人——偉大的黑卡蒂女神致敬
今晚將祢的聖眷派遣給我。

此時，你應該專注於阿波克夏斯符印。拿著符印過香爐，吟誦以下的咒語至少一百次（一百次是基本值），使其通過祂的符印降臨：

伊喔　阿波克—夏斯　伊奧　厚！

（IO APOX-IAS IO HO!）

在某種程度上，你會感覺到靈體進入了符印。這種感覺會根據我們個人的天賦和能力而有所不同，但可以從一種簡單感覺到自己並非孤身一人的覺受，到許多無形的門突然打開的感覺，到一些可見的東西，如符印的線條突然移動或似乎呈現為3D狀態。即使你立即收到祂出現的跡象，你仍應該完成一百次持咒，以作為一種奉獻和確認祂存在的方式。如果你沒有收到指示，那麼你應該繼續持咒，直到你接收到為止。

當你完成後，你應該把符印放進瓶子裡，並將瓶口封住。在瓶子上方點燃一根黑色蠟燭，用你自己的話感謝黑卡蒂女神和阿波克夏斯傾聽了你的召喚。把瓶子放在祭壇上或家裡的架子上。每到新月，你應該燃香，用你自己的話向阿波克夏斯祈禱，請祂繼續保護你的家、家人和朋友。你也應該注意預兆和夢境，以及你周圍任何人的行為。阿波克夏斯非常擅長讓那些針對你有密謀的人，在他們準備好之前攤牌。祂也是一個非常凶猛的保護者，所以那些相信採取非常簡單的方法來防禦的巫師，如果寧可忍受傷害也不願冒險傷害攻擊者本身的話，應該完全避開這種神靈。阿波克夏斯不是和平主義者。

最後，當你與任何類型的靈體打交道時，你應該意識到你的生活正在向其他世界開放。就像所有關係一樣，它以雙向的方式生效。當你召喚的時候，靈體會出現；但如果祂們自己開始召喚你，不需感到驚訝。魔法無處不在，它不僅僅是在一個魔法圈的範圍內。這種關係是一種祝福，也是學習魔法的唯一途徑，而這些魔法是書本上教不來的，但那些尚未準備好處理這一點的人應該完全避免與靈體一起工作。

人造靈

巫師除了藉由魔法或獻供來吸引靈體和智慧體外，也有創造人造靈的方法。人造靈是由巫師來塑形和培養的，很類似人工智慧電腦。祂們是爲長期和短期而創建的，擁有很多爲人所知的名字。在傳統的歐洲巫術中，人造靈有時被稱爲生魂（fetch）或魔法意志（bud-will）。在儀式魔法中，祂們通常被稱爲集靈（egregores）[14]，或者由四種元素中的一個或多個元素構成，即人造元素。

一個最著名的例子是魔法師創造了防禦用的靈體，也就是魔像。一五八〇年，一個名叫勒布的拉比是卡巴拉教徒，據傳他創造了一個人造靈，祂寄居於一個物理形態，並且活化了該物體，這個物理形態稱之爲魔像。一位名叫塔德烏什的天主教神父打算指控布拉格的猶太人舉行謀殺儀式，這將引發對猶太社群的強烈反對，並導致許多人死亡。勒布拉比聽說了這件事，爲了避免危險，他在夢中向天界提出了一個問題，以幫助他拯救他的人民。他得到的答案是希伯來語密碼：Ata Bra Golem Devuk Hakhomer VeTigzar Zedim Chevel Torfe Yisroel。這句話的字面意思是：「用黏土做一個魔像，你就會摧毀整個反猶太社群。」透過對這句話的希伯來字母代碼[33]轉譯，拉比能夠破譯出眞正的程序來做到這一點。這個魔像是通

⓮這通常是由集體意識產生的一種強大的意念體。

[33] 希伯來字母代碼（Gematria）是卡巴拉主義的藝術，透過它，單詞被減少到它們專屬數值，並與其他單詞相關聯。

過在祂的頭上寫上帝的名字之一——EMETH，從而獲得了生命。關於魔像如何完成祂的任務，有著各種各樣的故事。有人說祂瘋了，必須被摧毀；有人說祂只殺死了神父，然後歸於寧靜。這個魔像透過擦掉額頭上名字中的第一個「E」，將其從EMETH變成METH（希伯來語是「死亡」之意），從而失去了活力。這個魔像的身體被封印在一個猶太教堂的祕密通道裡，據說直到今天，祂仍在那裡。有人認爲這個故事是瑪麗·雪萊（Mary Shelly）的經典作品《科學怪人》（*Frankenstein*）的靈感來源。

另一個關於創造人造靈的著名故事來自亞歷山德拉·大衛·妮爾（Alexandria David Neel），這位法國探險家和作家在一九二〇年代深入西藏，裝扮成乞丐和喇嘛在西藏旅行。在她的《西藏的魔法與神祕》（*Magic and Mystery in Tibet*）一書中，她描述了她所創造的一種名爲圖爾帕（tulpa）的人造靈，藏語大致翻譯爲「心靈投射物」。在她的故事中，她把自己關在一個洞穴裡，專注於創造一個矮小、善良的僧侶。幾週後，她覺得她的僧侶已經足夠具象，於是她離開洞穴。這個圖爾帕僧侶跟著她一起旅行，她旅行團的其他成員有時甚至會看到祂。當圖爾帕開始脫離她的控制時，問題就出現了。祂的外表從圓胖和善，變成了瘦骨嶙峋而陰險。她領悟到自己的創造物已經離開了，於是決定銷毀，但這可是在幾個月的努力過程中做出來的㉞。

甚至有一種情況是，人造靈被視爲整個巫術位階的首領之一。德國的土星兄弟會（The Fraternitas Saturnai），許多人一度認爲一個名叫葛托（GOTOS，拉丁文 Gradus Ordinis Templi Orientis Saturnai 的首字母縮寫）的集靈是祕密首領。這個集靈是由教團中的每個人灌輸的，因此祂有點像一個集體意念，可以被召喚以集思廣益的智慧爲兄弟會提供建議。

㉞我已經在美國和尼泊爾學習藏傳譚崔和魔法很多年了，從來沒有聽說過「圖爾帕」這個詞被這樣提到過。圖爾帕指的反而是雙修神祇的隨從，在譚崔的世代舞台被觀想/召喚。不管她對圖爾帕的理解是否正確，我們都能從她的經歷中學到寶貴的一課。

一九八〇年代後期，對於混沌魔法感興趣的人，使用人造靈變得非常流行，人造靈通常會被稱爲「靈僕」。不管你怎麼稱呼祂們，祂們的結構和使用都差不多。首先，你決定你希望執行的功能。在我們的情況下，我們需要魔法上的保護，但祂們的保護幾乎可以用於任何目的。一般來說，人造靈是暫時的，並且設計成在完成祂們的任務後或某一特定日期時消失。永久性的靈僕是可以造出來的，但必須小心地照顧和餵飽祂們，以保持祂們的秩序，以免祂們開始抽取祂們的營養，繼而是祂們自己的程式失序[15]，就像前面提到的圖爾帕落跑的情況。

在創造之前，你要確定有一個外型。其外型僅受想像力的限制，並且應該以某種方式表明其功能。例如，用於警告危險的靈僕可能有著眼睛和耳朵的外型，而守門的靈僕可能是盔甲騎士的外型。無論你選擇什麼，都應該意識到靈僕可能具有與其外型相符的特質。如果你想讓靈僕在戰鬥中衝鋒陷陣，就不要讓祂的外型可愛軟萌；同樣的，如果你害怕你對於險境的反應會造成傷害，就不要把祂變成熊的外型。

然後，你應該決定代表該靈僕的名字和符印。名字應該以某種方式表示其功能。如果你確實想要一個能表明其功能的名字，你可以選擇一個單詞，並打散字母排列，或選擇單詞的組合來縮寫。例如，單詞「保護者」（protector）可以被改成「護身甲」（Rectoport），單詞「鎖子甲」（binder of harm）可以被改成「擋煞」（Binderham），方法是將單詞 of 和 harm 中的重複字母 r 去掉。一個主要由元素或行星力量創造的人造靈可以用一個詞來命名，以讓人想起這種力量。例如，瑪蒂姆（Madim）是火星的希伯來語名稱，也可以用來做一個靈僕的名字，因爲祂是由行星散發的能量製成的。當然，如果你有靈感想給祂取個其他名字，那就去做吧！我的一個朋友叫他的護身用靈僕爲「菲爾」，並聲稱和祂在一起獲得了巨大的成功。

你可以從前面描述的方法之一構思符印，例如將字母組合成一個符號，且不能一眼即看出當中是由哪些字母構成的。如果你知道怎麼做，你也可以在魔方或玫瑰

⓯ 有點像是電腦當機的情況。

十字上描上一個符印。你還可以製作自己的結構圖表，並在上面查找符印。例如，你可以製作一個 5×5 的圖形，並根據自己的靈感用英文字母填充，用 I 來表示字母 J，就像它在拉丁文中一樣。

下面的方法可以用來爲名爲「擋煞」（Binderham）的靈僕生成符印，如圖 6.2 至圖 6.4。

Q	Y	N	L	B
C	P	E	T	V
H	K	A	O	D
I	Z	U	W	R
F	S	M	X	G

圖 6.2　字母表

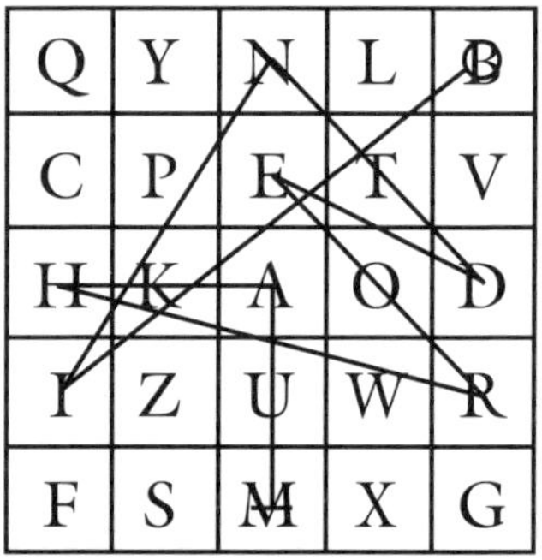

圖 6.3　查找字母表上的符印

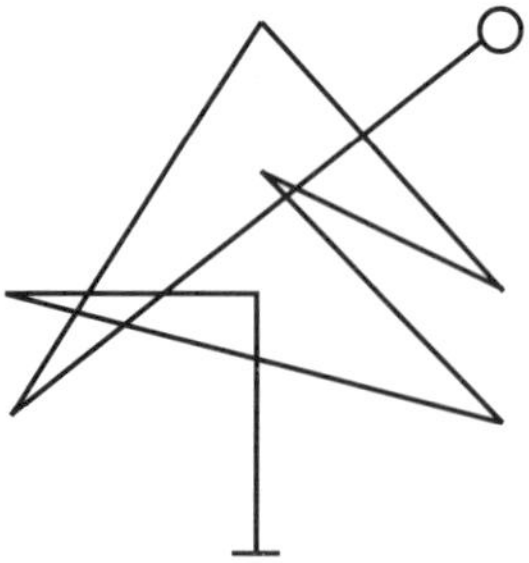

圖 6.4　結合字母的符印

雖然這不是必須的，但我發現把靈體的名字和符印寫在同一張紙上是很有用的。這張紙形成了一個魔法鏈接和靈體的居所，可以用來餵養靈僕和發出進一步的指示。與靈體工作相應的靈體指令和其他符印也可以添加到紙上，與靈體的性質一致的油和粉同樣也可以添加到紙上。如果你計畫長期保有這個靈體，你可以將這個符印和名字刻在雕像或其他物體上，然後讓祂當一個強大的守護者。

要真正構建靈體，你必須在你面前幾公尺之處設置一個讓靈體可以顯現的地方。我總是在這個地方放一個三角形，以幫助靈體顯現。如果你用一張紙或其他東西作爲與靈體的連接，那麼你可以把它放在靈體將顯現的地方。你應該在你正在工作的空間做驅逐儀式，或者根據你通常使用的方法建立一個魔法圈。

從畫出你將要用到的能量類型開始。使用第二章中的「迪千打　克倫巴！鴿子降落！巨蛇升起！」（Descendat Columba, Ascendat Serpens）咒語召喚，是實現這一目標的一種方法，並且通常能吸收能量。呼吸，吸入元素的能量，在這裡，身體被視爲是空無的，元素的能量通過身體的毛孔被吸入，覆蓋在防護盾上的部分，也可以在這裡使用。土元素可以用來提供保護，水元素可以用來撫平緊張的局勢並產生同情，火元素與風元素亦然。

行星的能量也可以被吸入身體，透過在適當的行星日和時間舉行儀式，同時集中在行星的顏色和符號上[35]。性能量也可以被創造出來，並且很好地用於這一目的，但它有點複雜，並非用於保護目的最好的能量。關於這一技術的完整描述要到下一本書才能看到。

當你的身體充滿能量的時候，你應該把你的目光放在預留給靈體在當中顯化的空間上。你現在必須通過你的肚臍投射出能量，然後觀想能量從你身上發出，在你面前形成一片雲。你藉由意志的力量，命令能量雲朵以你預先決定的形狀出現。你觀想得愈詳盡，靈體就會表現得愈好。如果你非常擅於觀想，你甚至可以想像能量以微觀版本的靈體符印的形式出現，然後形成細胞的模樣，最終合聚結成靈僕的外型。如果你的想像力有限，那麼你必須盡你最大的能力去創造。

一旦你看到你面前的靈體，就是切斷連結的時候了，為祂命名並下達指令。簡單的一句：「我爲祢命名爲＿＿＿＿，祢就是＿＿＿＿」，就足以命名了。下達給祂的指令也應該簡明扼要。如果靈體是用來暫時使用的，你必須給祂一個指令，無論祂是否完成了祂的任務，祂都要在未來的某個時間消散。用天文事件來標記時間比用日曆期限更好。下一個春分、新月或者太陽進入一個新的星座，這些都是可行的例子。如果你打算讓這個靈僕永遠待在你身邊，你應該小心翼翼地餵養能量給祂，並定期加強祂的程式架構。

你吩咐命令給祂之後，就囑咐祂離開，並且去執行命令。如果你將靈體綁定在某個物體上，你可以觀想靈僕進入這個物體裡頭。如果你沒有設定這個部分，那麼就只會看到靈僕飛出去執行祂的任務。

靈僕的潛在用途和創造祂們的方法是無止境的，我之所以有一個儀式大綱而不

㉟ 關於這些行星的符號和時代，請參閱阿格里帕（Agrippa）創作的《神祕哲學三書》（*Three Books of Occult Philosophy*）。

是腳本，是因爲這種形式的魔法是如此奇妙地富有想像空間，每個人都應該開發自己的訣竅。使用靈僕而非預先存在的靈體的好處在於，祂完全服從你的意志。你是祂的創造者和主人。這也是祂的缺陷，因爲一個已經存在的靈體偶爾會找到一些你從未想到的辦法來幫助你。

在以上任一靈僕種類下，在一場劍拔弩張的魔法攻擊中使用靈體來防禦往往是必要的。護身符和驅逐儀式在防範損傷的方面是強大的，但最終有一個足夠狡猾的技術可以繞過它的防範。不管是人造的還是非人造的靈體，都經常被用於發動攻擊，因爲祂們具有調節防禦和翻牆的能力⑯。

如果你認爲一個人造靈是別人派來攻擊你的，你可以用許多種方式來對抗祂。一些人造靈只不過是創造者投射的意念體，根本沒有注入任何其他類型的能量。在這種情況下，你可以通過意念來摧毀祂們。就這麼簡單——想像一下祂們被抹滅了，從腦海中來，又從腦海中走。如果你驅逐祂們、想像祂們離開，但是祂們反抗，你就有另一個問題了。

在人造靈的情況下，你可以藉由將祂困在一個三角形中（比如黑卡蒂女神的靈體陷阱）而擊退或摧毀祂，並使用相反元素和相關武器攻擊祂。你也可以開始爲祂添加構成祂的元素，從而使祂更強大，但注入你的意志，試圖篡奪控制權。這有點危險，但也有好處。如果你成功地接管了一個人造靈，祂是一個強大的魔法連結，可以連接到一個潛在的未知攻擊者。這很困難，只能由有經驗的修法者來嘗試，但可能會證明這比剪頭髮和指甲更容易。

事實上，有很多情況是被派去攻擊別人的靈體反被受害者篡奪，轉而襲擊攻擊者。這要麼是藉由提供更多的供品，像在驅魔儀式中那樣束縛靈體，要麼是通過吸引靈體的本質來完成。我曾聽聞在海地的例子：有個波哥（bokor，術士）派了一個洛阿神靈——薩梅迪男爵（祂負責處理死亡和墳場），去對抗另一位波哥。被鎖定的波哥向同一位薩梅迪男爵祈禱。基本上讓男爵決定要留下誰是師出有名的。最

⓰翻牆是網路用語，因靈僕具有一定的智商可以越過對方法師設定好的法術陷阱，就某種程度來說，是一個厲害的外掛。

後，第一個波哥，也就是發動攻擊的人，被送進了墳墓。

這種迫使靈體在兩個受害者之間做出選擇，希望不公正的人會被殺死的法術，也可以在第一章提到的火鞭儀式詛咒中看到。這個詛咒是在墓地實施，並召喚死亡天使，要求祂殺死一個指定的受害者或施咒的人。這是由天使來決定誰該死。一九九五年十月六日，以色列政治家阿維格多·埃斯金（Avigdor Eskin）對前以色列總理伊扎克·拉賓（Yitzhak Rabin）使用了這個詛咒，作爲對《奧斯陸協議》（Oslo Accords）的回應。拉賓在一個月內被暗殺。後來，這個詛咒被用來對付艾里爾·夏隆。在我寫這本書的時候，夏隆正處於昏迷狀態，大多數人認爲他永遠不會從昏迷中醒過來了。

使用這些技術顯然是危險和高階的工作，但是爲了本書的完整性起見，我提到了它們。由你來決定，你準備使用什麼，以及什麼時候要派上用場。總的來說，使用前面提到的防禦技巧，以及我將在下一章教授的逆轉和消耗型魔法的方法，會對你有更好的幫助。

7

逆轉與消耗型魔法

如果你在驅逐儀式中保持警惕，使用保護性護身符，並擁有強大的護衛，那麼即使有人直接對你施咒，你很可能都不會注意到。整個攻擊將從你身上滾離或被自動奉還給施咒者。然而在某些時候，當正常的防禦沒有守住，你便需要設定一個更有彈性的狀態，以確保你和你所愛的人平安無事。到目前爲止，我們只採取了安撫、保護和預防措施。在大多數情況下，這些都是必要的。不幸的是，在某些情況下，執著的敵人不會表現出停止騷擾的跡象，你將需要採取更壓倒性的方法來確保成功的防禦。因此，掌握逆轉和消耗型魔法的技術是很重要的。

有一個眾所周知的公理進入了威卡界，被稱爲「三倍法則」。這條法則被典型地解釋爲一種放大的業力，並表明任何由女巫所做的傷害將會以三倍回到她身上。根據我在傳統巫術中的一些接觸，「三倍法則」的本意有一點不同。這個概念是：如果一個巫師被傷害或被詛咒，她或他應該以三倍奉還給犯事者。這確保了敵人即使在三倍逆轉法術中倖存下來，也不會再次嘗試同樣的愚蠢行爲。因爲這本書只是防衛的入門書，所以我不會把注意力集中在把攻擊「三倍奉還」上面。然而，有時逆轉對攻擊者的攻擊是一個好主意，將迫使她或他落入自己製造的陷阱。

辨識你的攻擊者

雖然這並不總是必要的，但如果你知道你要逆轉詛咒的對象是誰，還是有所助益的。不幸的是，這並不總是能做到。一些不太熟練的術士過於依賴心理的力量，執著在「有人曉得他們被詛咒了」來作爲詛咒的一部分，而眞正強大的巫師不會透漏自己的身分，只允許詛咒偷偷發揮作用。如果你的敵人沒有藉由誇張地指著你並在口頭上發出詛咒來露一手，他可能會以物體的形式留下證據，用來向你發出詛咒。像煙霧粉和墳土這樣的粉末是很常見的，還有許多其他的條件粉末（condition powders），如彎腰屈膝粉（Bend Over）、跨越障礙粉（Crossing）、命令粉（Commanding）和黑色藝術粉（Black Arts）。這些粉末通常放在你會接觸到它們或踩到它們的地方，如台階上、車子裡，甚至是郵寄給你的紙上。除了粉末之外，你還可以在家裡或辦公室裡或周圍放一些格利斯格利斯袋、傑克球（Jack

Balls，一種金錢咒珠）和紙護符等物品來傳遞能量給你。如果這些或其他可疑的物品被發現，它們可以被收集起來，用來磨練你的逆轉咒語給眞正的施術者。

如果你找不到你想要的東西，也許是犯事者已經收集了你的東西作爲連結。想想你的客人，他們可能最近使用過你的浴室，而他們可能從浴室的廢紙簍裡、你的梳子或指甲剪上得到一些毛髮。想想在你的辦公室或生活空間裡進出的人。還有那些爲你提供食物或禮物的人，他們可以借鑑特洛伊軍隊的做法：透過食物可以傳達多種咒語，禮物也可以經由裝飾和聖化來傳達詛咒。接下來，問問自己，這些人是否有任何理由傷害你。最後，評估他們是否有能力和知識自行施咒；如果沒有，他們是否會花錢請人替他們施咒。符合條件的候選人應該不多。如果有的話，那我得提醒你，還有一個比這個詛咒更大的問題。

不管你能否用這些方法找到嫌疑人，或者你只是認爲自己知道是誰幹的，你都應該先占卜一下，然後再試著將詛咒送回某個特定的人身上。如果你選錯了人，很可能他不會感受到逆轉的影響，但他可能會在這個過程中接收到一些不好的能量。

也有可能你認爲是詛咒的東西，實際上是由魔法上的失誤或無意中打破的誓言帶來的障礙情況。如果你試圖在施咒者身上逆轉這個過程，你將會把它發送回你自己身上。而且就像兩片面對面的鏡子，這種反射會永遠持續下去，使問題變得愈來愈糟。

猜測攻擊者身分的一個好方法是把嫌疑人的名字寫在一張紙上，再加上一個「未知」的名字，免得眞正的犯人不在你的名單上。把靈擺（我把磁石靈擺掛在我剪下來的頭髮上，但商店買的靈擺也可以）放在名字後面，問靈擺，那個人是不是給你下詛咒的人。這一章沒有足夠的篇幅來提供關於使用靈擺的延伸教學，但一個人應該能夠清理自己的心念、與神性連結，然後問這個名字是不是詛咒你的人的名字。如果是的話，靈擺應該會劇烈擺動。其他方法像是爲每個名字抽牌或盧恩符文占卜也同樣有效。如果你發現自己過於分心而無法進行有效的占卜（畢竟你可能正處於被詛咒的狀態），或者你過於情緒化而無法得到一個客觀的答案，那麼就應該請第三方代表你來進行占卜。

無論選擇哪種方法，你都應該依靠占卜來證實你的懷疑，並看看會有什麼結果。這一點我再怎麼強調也不爲過。你的逆轉法術可能弊大於利。在我的魔法生涯早期，我曾是一個卑鄙詛咒的目標，導致我有些輕微的頭痛，並因笨手笨腳而打碎了小擺設。在尋找詛咒的東西時，我在我的汽車地墊下發現了一張紙，上面有著符印。於是我用這張紙作爲一個連結，藉由倒著點燃蠟燭，將厄運逆轉到施咒者身上。詳細描述見236頁「顛倒的蠟燭逆轉巫術」。大約一個星期後，我注意到因爲跟我分手而不太愉快的女朋友出了車禍，受重傷住進了醫院。她並不是一個認眞的修練者，但當她面對那個符印時，她坦承她拿起一本書，決定對我施一個詛咒，以證明我不是一個很好的魔法師。巧的是，她的大部分詛咒都被我的日常儀式和保護措施抵銷掉了。她沒有做這些防護，因爲她只是一個臨時起意的施術者。她收到了她想加諸在我身上的詛咒的全部力量，由於沒有魔法保護，以致它的破壞力非常大。在這種情況下，如果我知道結果，我就不會逆轉詛咒，因爲我不想對我認識的人造成那種傷害，即使他們確實因爲憤怒而對我做了一些事情。

逆轉詛咒的法術

⊠ 被魔鬼的鞋帶纏住

在決定是否要逆轉詛咒後，如果可能的話，在占卜犯事者的身分之後，你就可以進行實際的逆轉了。如果你相信詛咒的中心是你的家，有個絕佳的方法可以逆轉詛咒，那就是從犯事者的家裡弄些泥土、九片榿葉莢蒾和一個罐子。在開始施咒的時候，要回想你身上的那個詛咒。盡你所能去利用那股對你不利的力量，去「感受」它的頻率。右手拿起一片榿葉莢蒾，在你面前的空中畫一個十字架，感覺它的根在聚集詛咒的能量。當你畫到十字架的一豎時，就說：「我不在你的管轄之內。」當你畫到十字架的一橫時，要說：「你在我的管轄之內。」這樣做九次，每一次都用到一片榿葉莢蒾。接著把九片榿葉莢蒾和敵人家裡的泥土、一些紅胡椒和黑胡椒，以及一些罌粟籽放進罐子裡，混合在一起。去到犯事者的家裡，當你把混合物撒在他的院子或門廊上時，說：

無論你對我有什麼惡意，
我都會用言語和意願奉還給你，
憑我之言、以我之意，
如我所願。

說完後就從這個家走出去，不要回頭。

這個儀式實際上是把詛咒綁起來，把它從你的能量場域中移除，然後以一個整齊包裹的形式送回給施咒者。當你回到家的時候，你應該妥善地做好驅逐儀式，清理你的房子，並適當加強你所擁有的任何保護措施。

⊠ 顛倒的蠟燭逆轉巫術

倒著點燃蠟燭是一種常用的詛咒方法，但也可以用來將詛咒逆轉到施咒者身上。你需要一根黑色蠟燭、一盆泥土和一些蟹殼粉。拿起黑色蠟燭，點燃它，把它放在燭台上。針對別人對你施行的詛咒，當你集中精力在蠟燭上時，試著在意念上利用一直針對你的那股力量的頻率。現在，這根蠟燭代表著最初的詛咒。當你的意念牢牢抓住詛咒的力量時，把蠟燭從燭台上拿起來，然後在裝滿泥土和蟹殼粉的罐子裡把它掐滅。這個法術在沒有蟹殼粉的情況下也能起作用，但它代表著逆轉，因為螃蟹是倒著向後走的，所以會產生額外的影響。當你一心一意想要將詛咒逆轉到施咒者身上時，咬掉蠟燭的底部，使它露出燈芯。點燃被你咬掉那一端的蠟燭，然後把蠟燭放回燭台。當你這樣做時，給它以下的加持：

你的詭計已被逆轉，
你的詛咒已經奉還，
以魔力、火元素和巫師的意志，
你將成為你自己惡念的受害者。

所有這些行為都應該在合理憤怒的情緒狀態下進行，尤其是掐和咬。讓蠟燭一直燃燒下去。最後，你可以收集蠟淚和泥土，或者把它們放在敵人的房子裡或扔到流動的水中。

☒ 雙重作用逆轉蠟燭

另一種扭轉厄運的蠟燭法術是使用一種特殊的蠟燭，有時稱為「雙重作用逆轉蠟燭」。這根蠟燭的頂部是白色的，象徵在你生活中的詛咒被清除了；底部是黑色的，代表把詛咒奉還給施咒者。這種方法是用逆轉魔法油來塗抹蠟燭。你可以在任何地方買到這種蠟燭，但如果你想自己做，你可以把蒔蘿、芸香和楹葉莢蒾浸泡在杏仁油或初榨橄欖油這樣的優質油品中。將蠟燭水平放置，底部面向自己，從底部向上擦油，遠離你的身體。當你這樣做的時候，集中注意力在逆轉詛咒或阻礙你的能量的來源之處。

如果你知道目標的身分，你應該得到一張照片或其他一些物品來做連結，並把這些東西放在蠟燭下面。如果你不知道目標的身分，那就在蠟燭下面放一張紙，上面寫著「那些傷害我的人」。在紙或照片的四個角和中間各滴一滴逆轉魔法油。

點燃蠟燭並祈禱：

影子啊，傾聽我對你的召喚，
充滿恨意的可憐敵人，
若你執意如此，那就抱持你的惡念吧！
因為我比你更心懷怨懟，
我把你交給黑卡蒂女神，
讓詛咒回到你身上，
如蠟燭燒盡，
使你的力量歸零。

讓蠟燭一直燃燒下去，然後收集蠟淚和個人物品，把它們埋在一個三岔路口附近。若你不能在三岔路口這樣做，你可以在墓地做這件事（但不能在墳墓上做，否則就太超過了）。這個概念是因為你要把封印的法術交給住在冥界的黑卡蒂女神。

吐掉詛咒

高良薑被根源工作者稱為「小約翰」，它最著名的用途是影響法庭案件。被告會嚼一些「小約翰」，然後在法庭上吐出來，好讓事情對他有利。不為人所知的是，同樣的巫術也可以用來逆轉詛咒。再一次，你要嘗試在心念上「校準」詛咒的頻率，然後把高良薑根片放進嘴裡咀嚼。當你咀嚼的時候，想想你對自己所受的傷害是多麼憤怒，你是多麼有理由把它送回源頭。讓自己在這些訴求正義的想法中熱血起來，在情緒達到頂點時，用力向敵人所在的方向吐出高良薑根。如果你能在製造詛咒的人住的地方進行逆轉巫術，那就更好了。如果你無法占卜出這個詛咒的來源，那就把它吐向西方。做完後就離開現場回家，不要回頭。當你回到家的時候，做一個驅逐儀式。

逆轉詛咒之燈

逆轉詛咒之燈是用來點燃它以驅逐一切對你不利的人。要做這種燈，首先要挖空半顆椰子，然後在裡面填滿植物油。油裡面放進九根針、九根大頭針、九根釘子、九片榿葉莢蒾，以及一些蒔蘿、鹽和芸香。將一個燈芯放在一塊軟木上（特殊的燈芯套裝組可以在大多數優質的巫術小鋪買到），點燃它，同時做以下的祈禱：

釘子、榿葉莢蒾、芸香、鹽和蒔蘿，
阻止我的敵人遂其意，
就像他們害我一樣，
讓他們自己承受極大痛苦。

聆聽遵從我對祢下旨意，
憑我之言、以我之意，
如我所願！

這盞燈最好在室外點燃。但如果你沒有院子，你可以把它放在窗户上。每週五點燈，持續七週。任何時候都要注意確保燈裡有足夠的油。需要的時候就添一點進去。

☒ 鏡之籠

我們在第四章中提到過鏡子。因為顯而易見的原因，鏡子是一種典型的工具，可以將咒語反彈到施咒者身上。使用鏡子逆轉巫術的另一種方法，是拿一個小盒子（我使用的盒子形狀像棺材，可以在萬聖節時買到，其他任何有蓋子的盒子也行），在裡面擺好鏡子碎片，要確保儘可能覆蓋到最多的表面。做一個小玩偶來象徵你的敵人——可以是一個簡單的蠟製雕像（甚至是一根適當性別的人像蠟燭也可以），或是一個布偶，在裡面填充西班牙苔蘚和合適的草藥。

如果你有一件在之前的法術中使用過的物品，如粉末或魔法杖，或者如果你與目標有個人連結，如頭髮或衣服，你應該將其放進布偶中；如果都沒有，就在布偶裡放進一張寫著名字的紙，或者在布偶刻上目標的名字。你若不知道引起問題的巫師姓名，就只要寫上：「那個害我的人。」

左手握住布偶，右手在布偶上畫一個十字架。當你畫十字架的一豎時，說道：「（目標的名字），我為你施洗。」如果不知道目標的名字，可以用「影子」（shadow）一詞代替。當你畫十字架的一橫時，說道：「你在我的能力之內。」

把布偶放進鋪著鏡子碎片的盒子裡，然後說：

（目標名稱），為你自己好，
我祈禱你不要再製造麻煩。
為了你自己的利益折磨我，
只會給你帶來更大的痛苦，

因為我是黑卡蒂女神的孩子，
祂比你更強大。
從此刻起，
所有的惡意都將回到你的頭上。
以奈博德蘇勒、埃列什基伽勒和阿克緹菲絲之名，
憑我之言、以我之意，
你將成為你自己的受害者。

在你唸完咒語並關上盒子之後，你應該把它放在祭壇上一個安全的地方，或者把它埋在某個地方，比如十字路口。這個咒語會將進犯巫師的任何行為都反彈到他自己身上，不管是好是壞。

在結束逆轉法術這一小節之前，我想說的是，雖然逆轉施咒者的傷害可能是效果最好的正義，但有時這只會導致施咒者對你採取更爆炸性的措施，因爲你採取了更強有力的措施來擊退他們。當然，戰爭就是這樣開始的，就像普通的戰爭一樣，得不償失。沉迷於逆轉詛咒往往會導致對你自己發出詛咒，並可能導致一種偏執的生活，就像《咆嘯山莊》裡的希斯克利夫，他只會回報他自己所受到的痛苦，你的整個人生可能會被捲入合理的復仇之網中。在我看來，這並不是一種好的生活方式，也不是對付闖入者的有效方法，所以我向你提供一些對抗魔法的技巧，旨在讓你擺脫敵人。

消耗型魔法

我們將把消耗型魔法定義爲對抗攻擊的魔法，但不是對攻擊的直接防護或逆轉。各種各樣的可能性確實滿坑滿谷，甚至可能包括我們自己的攻擊性詛咒。然而，因爲這是一本與保護魔法相契的書，並且有夠多的方法來處理這些情況，毋需我們自己使用進攻性法術，所以我將會放棄任何打算澈底傷害敵人的方法。我們將專注於牽制、蠱惑和驅逐，這是用來讓敵人停止專注於造成傷害且不繼續傷害我們自己的技巧。

因爲消耗型魔法的技巧都聚焦於將我們從敵人的環境中移除，或是將敵人從我們的環境中移除，所以它們是對付非魔法類危險最有用的技術。如果有人用身體暴力威脅你或你所愛之人的性命，防護盾和護身符可能會有一些效果，但最終你仍需要把那個人從你的生活中排除掉，以確保安全。

正如我不建議在處理醫療或心理問題之前先諮詢這些領域的專業人士一樣，消耗型魔法也不應該代替執法人員處理危險人物。如果有人威脅到你或你所愛之人的生命，我認爲你完全有權利使用以下方法來牽制、驅逐、蠱惑和壓制，但如果你不聯繫管理機構，就會對自己不利。事實上，在這些案件中，牽制或驅逐往往是透過管理機構的處理而生效的。

無論你面對的危險是世俗的還是靈界的，透過消耗型魔法，那些持續很久的問題將可以平息，持續的戰爭亦可以解決。

牽制與影響

牽制是用來阻止某人做某件事或嚴重影響某人做某件事。在我們的情況下，是讓我們和我們所愛之人或客戶清靜清靜。

彎腰屈膝粉

就像煙霧粉用於霉運和詛咒，其他的粉如紅磚粉用於保護，也有一些粉用於消耗型魔法。有一種很好的牽制是著名的彎腰屈膝粉，它是將甘草根、菖蒲根和征服者高約翰磨成粉末，並與滑石粉等基底粉末混合而成，然後將粉末放置在目標會踩到或接觸到的地方。把粉末撒在地上讓對方「跨過」，且通常是撒成五個點的形狀，就像你在骰子上看到的那樣，然後在你撒完向後走的時候就完成這個魔法了。如果無法這樣做，你可以把粉末放在口袋裡，直接在握手時傳遞過去。另一種歷史悠久的撒粉方式是在信紙上撒一些粉寄給目標，但要確保只撒下讓人察覺不到的數量——我們可不想因為引起炭疽病恐慌而被捕。

當你與敵人面對面解決分歧時，這種粉末尤其有效。如果用這種方式，你可以在你的手上塗一層粉，或者確保他或她在交談中能接觸到粉。一旦敵人這樣做了，你應該試著把你的目光集中在敵人眉心之間的額頭上。如果你能把你的意志像雷射光一樣集中在這一點上，你就能控制談話，影響目標的心念。至少如果你用這種方式凝視，任何嘗試對你做同樣事情的法術都會返還或抵銷。

✠ 捆腳咒

捆腳咒是一種用一條繩子牽制的古老歐洲咒語，可以用來阻止某人做任何特定的事情——可能是詛咒或其他類型的騷擾，但也可能是其他事，如上班。即使在純粹利他主義的情況下，你也必須記住魔法會以自然的方式顯現，而你必須願意接受你行為的後果。

幾年前，我的一個朋友被跟蹤了，她來找我幫忙。我用了對方寫給她的一封信作為連結，使用捆腳咒來阻止那個人跟蹤她。過了一個半星期都沒有任何變化。晚上那個人會坐在她家門外不停地打電話。我想也許是法術沒有起作用，我得找個更強的。後來有一天晚上，我的朋友聽到她的臥室窗外傳來了撞擊聲。當她往外看時，她看到地上有一把梯子，她的跟蹤者躺在柵欄邊。那個人的兩條腿都斷了，此外還受了一些輕傷。這已經足以讓她提出控告。此後那個人便不再跟蹤她了。我很樂意承擔這個責任，但有些人並不願意。我再次強烈要求讀者，要盡你們所能去占卜施術的結果。

要使用捆腳咒，你需要一個可以用紅繩綁住目標的連結。左手拿著紅繩，專注於你希望敵人不要再做的事情上，然後在繩子上打九個結，從外緣開始，像這樣移動：1-3-5-7-9-8-6-4-2⑰。

當你這樣做的時候，對每個結唸以下的咒語：

（目標的名字），我召喚你，

你被大地的力量纏住了，

⑰做法是這樣的：從一根繩子的尾端開始往中間打結，但要先設定九個結的位置大概落在哪裡，比如以編號1、2、3……一直到9，大致標示出位置，不需要很精準。接著依續打第一個結，再打第三個結、第五個結……一直到第二個結。每一次打結的時候都要唸咒語。此捆腳咒象徵使敵人動彈不得、進退兩難，因為前進和後退都會綁手綁腳。

你被岩石的力量捆綁了，
你被黏土的力量鍊住了，
你被地面的重量原地纏縛了。

把目標的個人物品綁在第九個結上。當你完成這些之後，走到十字路口，把繩子埋在那裡。照著下文唸誦：

（目標的名字），我埋葬了你（對我造成的傷害或任何牽制）的力量，
扭曲和糾纏，
鎖鍊和束縛，
我讓你罷手，
將你交託大地！⑱

離開現場，不要回頭。

☒ 墳地捆縛術

另一種很好的牽制方式是用士兵或警察的墳墓。拿一個施術攻擊者的物理連結物，像是一張照片或一塊布，用九片楨葉莢蒾或是具有「纏結」性質的植物把它包起來。如果你有一些鉛（土星主掌的金屬），就用鉛包。如果沒有，你可以用鋁箔包起來，有光澤的那一面朝內。把它帶到你所愛的人、親戚或士兵的墓前，就跟你收集墓地墳土的做法一樣，向祂們供奉威士忌或十美分銀幣。在你認為是墳墓裡亡者右手所在的地方挖一個淺洞，把符咒埋在裡面。

---

⑱這裡的意思是把對方不好的能力跟大地之力綁在一起，整個被大地吸收而消耗掉，對方就沒有精力去搞破壞了。

這個咒語最好是用你自己的祈禱詞，直接對著墳墓裡的靈體說，但祈禱詞應該像這樣：

（墳墓裡的靈體之名），我來請求祢的幫助

（敵人之名）傷害了我，他不會放過我。

我把這些東西交給祢。

請讓它們遠離我，等我回來取走它們。

請接受我的報酬，為我做這件事，我懇求祢的幫助。

離開墓地，永遠不要回來。如果這是你經常會去的墓地，那麼出於魔法或情感原因，顯然它就不是一個適合的墳墓。你應該確保它是一個你永遠不會再去拜訪的墳墓。

☒ 停止談論你

據說下面的咒語可以約束敵人不談論你。在圖7.1所示的土星符印放上牛舌，並且包裹你和敵人之間的連結（有對方的能量），接著在符印蓋上目標的名字。

你可以根據自己選擇的牽制類型，用魔法油和魔法粉裝飾符印紙。

把牛舌切開，放在紙上封好，然後把它縫回去。把牛舌放在冷凍櫃裡[19]，然後說下面的咒語：

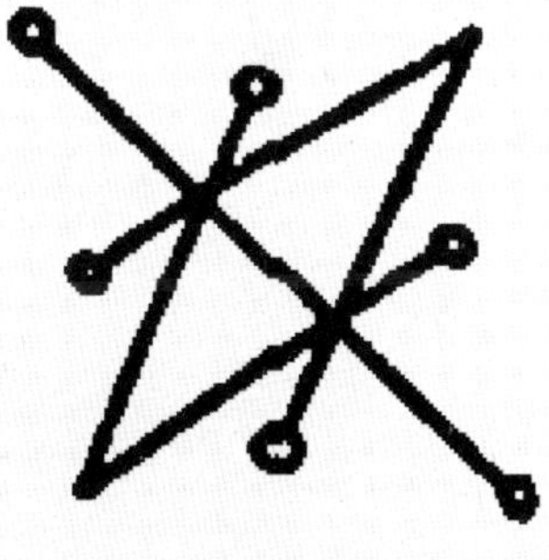

圖 7.1

[19] 牛舌結凍象徵封住敵人的嘴。

埃列什基伽勒（Ereshigal）、諾緹庫拉（Nocticula）[20]、黑卡蒂
女神列前，
見證我的儀式吧！
抓住我敵人的舌頭！
願他甚至無話可說！
賽伊！
賽伊！
賽伊！
如我所願！

另一種讓敵人（或吵鬧的鄰居，就此而言）保持沉默的方法是一個簡單的格利斯格利斯袋，由甘草根、光滑的榆樹和蝰蛇舌頭製成。把這些東西包在一個黑色袋子裡，然後把袋子放在對方的門階下或院子裡，或是房子裡的某個地方。

蠱惑術

當牽制不可行的時候，另一種消除敵人的方法毋需直接傷害敵人，這就是蠱惑儀式。有些人認爲這本身就是一種詛咒，但蠱惑術已經在胡督巫術和巫術中被作爲保護手段許多、許多年了。當面對一個在保護和逆轉儀式之後仍然不願放棄的頑固敵人時，此許蠱惑可能是馴服且有效對付敵人的方法。

---

⑳ 經詢問作者，Nocticula 是黑卡蒂女神的另一個稱謂，代表夜晚的女神。但是很多龍與地下城系統的電子遊戲都會把祂設定為吸血鬼女王，所以無法找到網路上的正確資訊。

蠱惑粉

這種粉末的使用方法與其他粉末相同，在我看來，這是傳遞這種法術最佳的方式之一。幾年前，我有個客户，他有失去生意的危險，因為一家連鎖餐廳的老闆想要他所在的地方。這個人還散布關於我的委託人的謠言，讓他和鎮上的人鬧得沸沸揚揚，好藉此讓他搬走。更糟糕的是，我的委託人認為餐廳老闆的一個家庭成員是巫師，正在用魔法對付店家。根據之前的經驗，我知道他的懷疑是正確的。在幾次占卜之後，我認為蠱惑術是最好的選擇。在一個新月，我用蠱惑粉圈住了餐廳，並向黑卡蒂女神祈禱。我也在門墊上撒了一些粉。很快的，我就開始聽到人們對這家餐廳的抱怨。沒過多久，它就因為違反衛生規定而暫時關閉了。此後不久，那個打算幫餐廳老闆買下我朋友商店的贊助人就撲了一場空。

這個儀式幾乎完全按照我的計畫進行，因此我對結果感到高興。然而，我必須強調，你總是應該做一次占卜，以了解你的下場會如何。我已經準備好為這個人的損失承擔責任，讓他的餐館暫時關閉，並讓他遭受其他小問題。但如果占卜顯示有人會因為我的法術而受到嚴重傷害，我就會使用其他方法。蠱惑術在這方面是很微妙的，因為它可能是交通事故和各種更嚴重問題的原因。我在這裡不是要對你們說教，只是要告訴你們，你們必須為自己的行為負責。

蠱惑粉是把罌粟籽、茅草和黑芥菜籽添加到基底粉（如滑石粉）中製作而成。有些人會為他們的粉末上色，如果你想這樣做，合適的顏色應該是紅色。如果你想在你的敵人之間製造爭論，引起內訌和混亂，就加入黑胡椒和紅胡椒。同樣的配方不僅可以用來製造粉末，也可以用來製造魔法油或魔法香。聰明的巫師都能運用這三種，比如下面的巫術。

⊠ 混亂娃娃

如果有人在你的生活中不斷造成你的問題，並發送超自然攻擊給你，而你卻不能完全跟這個人斷絕關係，譬如家庭成員，那麼這可能是一個好主意——你可以隨意去啓動一個讓對方混亂的娃娃。為了製作這個娃娃，你要儘可能地獲得最好的個人連結。你要把兩片木頭綁在一起，做成十字架。你可以用目標的衣服製作娃娃的身體；如果沒辦法做到，就把西班牙苔蘚和茅草包裹在紅布裡，在十字架周圍做一個身體。你可以用黏土做娃娃的頭，也可以用一個真正娃娃的頭。如果你用的是黏土，在製作頭部之前要先在黏土中加入罌粟籽和黑芥菜籽；如果用的是真娃娃的頭，就把這些種子塞進去。

用你的右手在娃娃上畫一個十字。當你製作直的木條時，說：「我命名祢為（目標的名字）。」當你製作橫的木條時，說：「祢就是（目標的名字）。」

點燃一些從商店購買或是前面提到的藥草製成的蠱惑魔法香，用你的左手把娃娃放在煙霧上面。當你把娃娃放在煙霧上方時，回想一下目標過去對你造成的所有傷害。用正當的憤怒和對正義的渴望煽動你自己，讓它流進娃娃的身軀，並說道：

抓住祢的敵人！(Inimicus Carpo!)
驚慌失措
煩惱糊塗
迷失在妄想的煙霧中

我把你抓牢牢！
一頭霧水、動彈不得
你陷入混亂
以我之言、我之意向你傳遞
就讓（目標的名字）一團混亂！

驅趕術

我要端上的最後一類消耗型魔法，在根源工作中很普遍，稱爲「熱足術」。這種魔法的目的是讓一個人完全離開你的環境。在通常的情況下，你要麼把這個人從家裡趕出去，要麼把他從工作中趕出去，再不然就是把他從城鎮中趕出去。與其他類的消耗型魔法一樣，我們將從粉末開始。

✠ 熱足粉

一般來說，任何熱的或刺痛的東西都可以用在熱足粉。我最喜歡的配方是紅胡椒和黑胡椒、壓碎的大黃蜂或紅螞蟻、硫磺、罌粟籽和女巫鹽（用煤煙熏黑的鹽）。這種粉末的使用方法與其他粉末類似，如果讓人走在上面或放進鞋子裡，這種粉末就能「穿透腳」，它的效力就會特別強大。我最喜歡的一種方法是把它撒在目標的門口或辦公室，然後在每個通往城鎮的十字路口也撒一點，祈禱那個人在你每次撒粉的時候移動。

我認識的一個巫師在做像這樣的儀式時，使用了整個天主教驅魔儀式，但我喜歡下面的咒語：

以阿撒茲勒（Azazel）之怒火，
我送你去不毛之地！
巴拉（Barra）！艾丁納蘇！（Edin Na Zu）㊱
巴拉！艾丁納蘇！
巴拉！艾丁納蘇！

㊱這個短語是蘇美爾語，意思是「走開，去沙漠！」

⊠ 另一種透過腳發動法術的方法

如果你不能讓這個人從熱足粉上走過去，另一種傳統的方式是「撿起」目標的腳印。幾年前，我的一個好朋友和他的同事發生了矛盾，他向我報告說，這位同事出現了一連串奇怪的嚴重頭痛，而且運氣很差。他向我透露，他的同事在練習魔法方面遇到了麻煩，他認為可能是自己給他施了一個詛咒，希望我能幫忙。占卜顯示我的朋友是對的，於是我用了逆轉術回收了魔法。這在一段時間內似乎起了作用，但隨後攻擊捲土重來。我們又做了一次，但還是發生了同樣的事。很明顯，我們需要把他們完全分開。我讓我的朋友在離開辦公室時觀察他的目標走到哪裡。我讓他悄悄地從對方的一個腳印上撿起一些泥土，他照做了。他把泥土拿給我，我把它跟紅胡椒和黑胡椒、硫磺以及一些壓碎的大黃蜂混合在一起，接著將所有的混合物裝進一個罐子裡，把罐子扔進流動的水中，邊做邊說：

以冥河、痛泣之河，
以火焰河、恨水和忘川之名，
我要把你趕出去！
願你的名字連記憶都無法留存！
以冥河、痛泣之河，
以苦惱河、恨水和忘川㊲之名！
走開！

㊲這些都是冥府中河流的名字。最後一個是忘川，即遺忘之河，它不僅表明目標已經被沖走，而且表明你可以完全忘記他。

走開！
走開！

這個咒語施展後不久，目標就找到了一份薪水更高的工作，展開新的生活。這個結果對每個人都是最好的。事實上，如果你擔心會對某人造成傷害，你可以在驅除粉中加入一些祈福的藥草，比如圓當歸，以幫助目標轉向更好的環境。

牧師兼人類學家哈里・米德爾頓・海厄特（Harry Middleton Hyatt）記錄了這種法術的一個有趣變體。他的受訪者告訴他，不是把腳印裝瓶扔進河裡，而是把泥土和熱足粉材料放進一個挖空的獵槍殼裡，向遠方射擊，同時向耶穌祈禱，讓這個人從你的生活中消失！我從未嘗試過這種方法，但這個劇本本身就很強大。

消耗型魔法的靈體

靈體也可用在消耗型魔法。許多來自不同傳統的守護神也以這種能力發揮作用。例如在西藏，一個名叫宇色・欽瑪（Osel Chenma）的度母騎在一頭豬上，祂帶著一根針和線，用來挖出敵人的眼睛和耳朵。許多來自魔法書中的天使和靈體也可以被召喚來束縛和驅逐別人離開你的生活圈，你可以按照那些文本中的指示來召喚祂們。尤其是我使用了阿格里帕的《神祕哲學三書》中土星的靈體——扎澤爾（Zazel），在牽制的時候有了出色的成效。

我們在第六章中提到過的守護靈阿波克夏斯，也可以用於消耗型魔法，祂擅長牽制、蠱惑和驅逐。要如此運用祂，你必須設立一個祭壇，把祂的酒瓶擺在你面前。用能量餵養瓶子，並吟誦召喚心咒：「伊喔　阿波克—夏斯　伊奧　厚。」當你覺得你已經引起祂的注意時，你應該讓祂把那個騷擾你的人或靈體束縛、迷惑或驅逐出你的生活。如果你想確保不會對目標造成傷害，那麼你應該說這個召喚心咒。在你有生命危險的情況下，你可以讓阿波克夏斯隨心所欲的行動。和往常一樣，你必須對自己的行為負責。如果你有一個目標的連結媒介，你應該把它折進一張紙中，在你折紙的時候，要注意把紙往離你身體遠的方向折。在紙上畫阿波克夏斯的符印，然後把瓶子放在上面。如果個人連結媒介的體積太大，裝不進瓶子裡，就把它放在瓶子前面。

⊠ 消耗型魔法中的人造元素

在第六章中，我已經談論了一些人造靈。祂們也可以在消耗型魔法領域發揮巨大的作用，但我們關注的不是土元素和水元素，而是用於蠱惑術的風元素和用於驅逐的火元素。總而言之，人造元素是由魔法師創造的一種精神形態，被賦予四種元素中的一種或多種力量，並通過巫師的意志給予暫時的人造意識。

首先，你需要的是一個名字和一個目的的陳述。因為我在第六章已經解釋了如何創造人造靈的一般形式，所以使用現實生活中的例子可能會有所幫助。我在費城所屬的一個神祕團體接納了一個人，這個人很快就被證明在魔法和現實生活方面都很危險。雖然他沒有直接攻擊該組織中的任何人，但有幾個人感覺受到了威脅。很明顯的，至少可以說他的一些行為是犯罪的。我和一個朋友決定做一個驅逐儀式，我們創造了一個人造火元素來做這件事。因為元素是「火」(Fire)，而跟我們想要的相關行星是「火星」(Mars)，所以我們將「火」和「火星」這兩個詞命名為「拉姆齊夫」(RAMSIEF)，並將這些字母組合成一個符印，如圖 7.2。

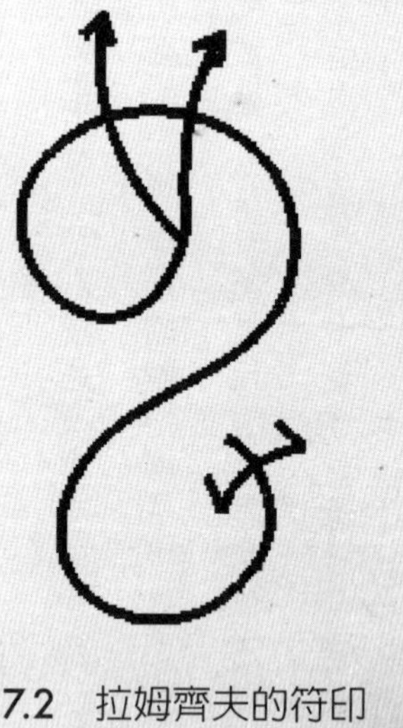

圖 7.2　拉姆齊夫的符印

由於受到星座牡羊座的影響，我們決定拉姆齊夫將會以一個固執又非常巨大的紅色人形出現，有六隻手臂，每隻手握著一把燃燒的斧頭。另一種可能更好的方法是，我們可以利用火元素和火星來尋求靈感。我們可能已經在冥想或夢中收到了元素、名字和封印的靈視。在這種情況下，我們決定完全靠自己建構它。

我們在祭壇上畫了一個三角形，然後開始觀想毛孔吸入火元素，它具有熱、乾和擴張的特性。一旦我們在體內收集了足夠數量的火元素，便將它投射到三角形中，首先看到它聚集成火焰雲，然後看到它形成拉姆齊夫的形狀。當我和我的夥伴都能「看到」這個人物時，我們抽出魔杖（在我們的傳統中與火相關的工具），指著拉姆齊夫說道：

以南方匣門之主的名字，

由正午時分的白光之靈，

由諾托斯的至高無上大靈，

並以一切沙漠魔靈之名，
我將祢命名為拉姆齊夫，
祢就是拉姆齊夫。
出發把（目標的名字）從這座城市驅逐出去，
把他從我們之中趕出去，
在三個月的時間內完成這個任務。
在第三個滿月，
不管祢是否完成祢的任務，
祢都要消散回到火元素中。
尋求遺忘的寧靜，
聽從我的話，按我的意願去做，
菲亞特（Fiat）！菲亞特！菲亞特！

在所有逆轉和消耗型魔法的情況下，你應該要一直記得做個占卜，並確保你眞的受到了另一個人的超自然攻擊，而不是因爲你自己的失誤或某種靈體的懲罰而經歷諸事不順的情況。

你應該儘可能地去觀察法術的結果，因爲你必須對結果負責。除非你有某種專業的魔法修練，否則你一生中很可能只需要這些課程兩、三次。那些發現自己經常被捲入靈界對決的人通常不會受到眞正的攻擊，他們只是在使用神祕學來給原本沉悶的生活添加一些戲劇性的東西。

如果你發現自己經常成爲魔法攻擊的目標，我建議你問問自己爲什麼。改變你的朋友和生活方式，將比世界上所有的逆轉魔法和消耗型魔法對你更有幫助。話雖如此，魔法攻擊確實會發生，掌握本章中的技術可以幫助你在緊張的情況下保持健康平安。

8

療癒與復原

無論你的情況如何，當一切塵埃落定，所有的攻擊和防禦方法都已用盡，便是收拾殘局、恢復正常工作的時候了。在你再次確認你的常態型防禦和修復了堡壘的任何裂縫後，你將需要處理你的傷口。魔法攻擊的殘餘效果可以像攻擊本身一樣持續存在。這些問題從身體症狀（如疼痛）到心理症狀（如失眠、抑鬱和無法解釋的焦慮）不等。更有可能的是外部條件，如連續的壞運氣和一種與時間不同步的感覺。

在所有情況下，神祕學療法都不應取代醫學治療。適當時應諮詢醫生、治療師和心理學家。無論你來自什麼傳統，尋求專業靈性治療師的幫助也是有益的，無論是靈氣治療師還是當地的薩滿皆然。

在遭受襲擊後，首先也是最好的修補方式是祈禱和奉獻。感謝諸神和神靈在你需要的時候照顧你。如果你不崇拜任何神靈，那就把你的虔誠獻給那些在你之前就已經離世，並且在你的道路上充當嚮導的開悟者吧！將你的道路指向宇宙本身。我沒有權利告訴你如何祈禱或者祈禱什麼，但我確實想強調充滿能量的祈禱的巨大潛力。我再次建議你參考伊斯瑞・瑞格德的建議，他說：「用祈禱點燃你自己。」

療癒家庭和關係

在我們處理療癒自己或他人的具體細節之前，最好先確定住家的狀況。你可以先在每個房間做一個驅逐儀式，然後使用淨化、清洗地板和薰香，這些在第四章已經介紹過了。打掃完房間後，你會想用下面的一些方法來營造一個和平的氛圍。

嗅聞空氣

你可能已經在你的防禦期間燃燒了大量的香，並且再次清理房子。我傾向在能量征戰之後，遠離能平心靜氣的薰香。如果你真的想點香，我推薦非常簡單的香味，如檀香、薰衣草或乳香/沒藥的組合。如果你不想點香，一個建立平靜心靈氛圍的好方法是，在房間的角落放置樟腦塊，因為樟腦被認為可以讓靈體平靜下來，同時只散發出輕微的氣味。在房子周圍放些藥草也是一個好方法。我會使用肉桂、松木和檀香的組合來幫助創造平靜。

⌧ 和平聖水

在紐奧良，據說著名的「巫毒女王」瑪麗・拉文（Marie Laveau）發明了一種可為住家帶來和平的流行方法。它是由雨水、河水、泉水、海水、教堂聖水製作而成的「五水洗浴」（five-water wash）。如果你沒有這些水，可以用佛羅里達水代替。這些水可以用來做地板清洗，也可以直接灑在家裡。另一種製造和平聖水的方法是簡單地把油和水分層裝在瓶子裡，這個概念是你把聖油塗抹在混亂的水面上。

改善關係

魔法攻擊最常見的症狀之一就是人際關係問題。如果在攻擊期間，你和你的配偶、孩子或你生活中的其他人經歷了困難，有個改善關係的好方法是使用蜂蜜罐。所需要的只是一個罐子、大量的蜂蜜、一些糖果，如糖蜜和糖，以及每個需要療癒關係者的個人物品。最好是每個與瓶子有連結的人都知道這個法術，並自願提供他們的東西，但這並不是絕對必要的。

把所有的東西都放進罐子裡，在罐子上面點一支白色蠟燭，同時說：

我以蜂蜜、糖和一切甜蜜的東西，

建立體諒與平靜。
願美好主導你我之間，
如我所願，就會實現。

如果是為了修復你和你的配偶之間的關係，就把罐子放在臥室裡；如果是為了你的整個家庭而做，就把它放在壁爐邊。如果是性問題造成的能量攻擊，你可以只針對你和你的伴侶而做，把性行為的體液和陰毛放進罐子裡，並且放進代表愛情的東西，比如亞當與夏娃根、成對血根草、伊莉莎白根、延齡草，甚至是很流行的浣熊陰莖骨。

療癒個人

在建立了一種和平與良好關係的氣氛以便在當中休養之後，我們現在必須著手處理你自己的傷口。就像我們清洗地板和用薰香重新打掃房子一樣，你也應該確保你最近所有的麻煩都在本書前面提到的靈性淨化和逆轉法術浴中被清理掉了。你也可以用之前教你的驅魔香薰薰自己，或者用鼠尾草薰薰自己。要做到這一點，你可以讓別人來幫你薰一薰，或者你可以把香爐放在椅子下面，讓煙在你冥想或放鬆時升起來圍繞著你。

放鬆

爲了對抗經常伴隨魔法攻擊而來的焦慮感和壓力感，我發現使用以下放鬆方法是有益的。第一個需要一點時間，應該一天做一次左右。基本上，你所要做的一切就是，一點一點地專注在身體的每個部分並放鬆自己。從右腳腳趾開始，把注意力集中在上面，在心裡告訴它們要放鬆。你要去感覺它們也這樣做了。移動到左腳腳趾，做同樣的動作。移動到左腳腳底，做同樣的動作。左腳腳尖是下一個點。然後是右腳腳底，接著是右腳腳尖，再來是左右腳踝。

繼續往身體上方移動，確保你做了前面和後面的每個部分。一直移動到頭頂。注意你的身體對放鬆指令的任何抗拒。在這方面多花點時間。如果你願意，你可以想像金色的療癒之光在你關注的任何地方向上移動，但這是不必要的。整個過程一開始可能需要二十或三十分鐘，然而一旦你掌握了竅門，變得更放鬆，便只需要十到十五分鐘。

我推薦的第二種放鬆方法非常快速，可以在需要釋放緊張的任何時候使用。在這個方法中，你繃緊整個身體，從腳趾開始往上到頭頂，讓這一股刻意的緊張浪潮壓倒你，帶著你在練習前的任何緊張去加入它。讓你的整個身體繃緊一會兒，然後立刻放鬆。感覺緊張離開你的身體，沉入地下。

在你釋放緊張之後，深深地吸氣，先充滿肺的下半部，然後是上半部。吐氣，清空肺的上半部，然後是下半部。這被稱爲「寶瓶氣」，因爲肺部會像裝滿水的花瓶一樣飽滿。像這樣做幾次呼吸，慢慢地把注意力從呼吸上移開，讓你的呼吸變得更自然。這種呼吸方式能讓人放鬆，對健康有很多好處，因爲它比我們通常進行的短淺呼吸能更好地爲血液充氧。

跟上正確的時間

某些類型魔法攻擊的一個更奇怪的效果是，它可以讓人與時間不同步，這在第一章中提到過。我的意思是，生命有一種自然的節奏，健康的人會與這種節奏和諧相處。一個與這種節奏不協調的人可能會發現他或她經常約會時遲到，或對別人來說太早到了。錯過的機會比比皆是，你似乎從來沒有在正確的時間出現在正確的地點。人們經常會對你說這樣的話，像是：「如果你能早點到就好了」，或是：「眞可惜你當時就走了。」

這個問題有各種各樣的解決辦法。在西藏，有很多的一般信徒接受時輪金剛灌頂㊳，通常一次有數千人，其中一個原因是，據傳這種加持可以改正這種狀況。我學到的一個更簡單的方法是，在日出和日落的時候，你應該閉上眼睛，想像一個旋轉的萬字符（卍）在你的額頭上，周圍有四個其他的萬字符，它們也在旋轉。卍字記號是永恆的象徵，全世界都在使用，它的旋轉與整個宇宙的旋轉同步。這種簡單而有效的冥想，如果每天練習達一個月左右，就能讓你跟上時間。

㊳時輪的字面意思是「時間之輪」，指的是一整套的儀式、譚崔瑜伽、醫學文獻和預言。香格里拉的傳說來源於時輪預言，它預言了神聖的靈性王國在未來會變成實體化，這是為了在世界大戰中擊敗穆斯林。

療癒運勢和財運

有些人相信，一個人的運氣和繁榮是他或她的靈魂裝扮和業力的一部分。正如我們在第一章討論的，導致人們認爲自己受到攻擊，最普遍的抱怨之一是一種被詛咒的感覺。這種「帶賽」的運氣甚至在遭受攻擊之後還會有殘留的影響，如果攻擊結束後你仍然覺得你的運勢和財運受到影響，那麼明智的做法是使用專門設計的方法來升運了。

有大量的魔法咒語和儀式是用來吸引幸運和金錢的，我鼓勵讀者深入研究這個主題。現在，我將囊括一種三個配方的沐浴和一個三個配方的魔法包組合，這可以幫助你在受到攻擊之後修復運勢。

⊠ 幸運／招財浴

將肉桂、黃樟木和糖沖泡到茶中，加進洗澡水裡。肉桂能吸引錢財和好運，並趕走厄運；黃樟木可以幫助你堅持你所遇到的；糖可以幫助你改善你的狀況。

好運之手／招財之手

一根幸運之手根、一根征服者高約翰根和肉桂樹皮。肉桂是為了吸引財富；幸運之手根是為了抓住機會[21]；高約翰根是為了讓人機靈並擁有個人力量。根據護身符部分關於魔力之手（mojo hand）的指示，你應該給你的手餵一些特殊主題用油，比如紐爾良風格的快速幸運油，這種油是由肉桂油、香草油和冬青油製成的[39]。

---

[21] 讀者可以直接買幸運之手魔法油，然後做一個金屬或是泥土速成的手部模型來代替。

[39] 這種油的配方取自人類學家和根源工作者佐拉·尼爾·赫斯頓（Zora Neale Hurston）的優秀著作《騾子與人》（*Mules and Men*）（Harper & Row，一九九〇年）。

讓盟友幫助你療癒

如果你已經按照第二章的指示，定期向神、靈體和你周圍的世界獻供，那麼無論祂們是否向你表明了自己，你都有一些強大的盟友了！我在這裡說的不是特定的靈魂或使魔，而是你居住土地上的樹木、岩石和河流。因爲你透過獻供創造了這種連結，祂們將會非常願意幫助你療癒。

要做這種類型的療癒，你應該去一個大自然的環境，在那裡，你感受到特別強烈的存在。一棵老樹、一片海洋或一塊大石頭都是很好的例子。坐下來，讓你自己感知這些地方的能量。向祂解釋你受到了傷害，需要療傷。

無論你有什麼可行的方法，你都應該進入出神狀態。這可以透過強烈的擊鼓、呼吸控制、自我催眠、冥想，以及以上方式和其他方法的任何組合來實踐。一旦你進入出神狀態，你應該試著「進入」你所在地方的靈界維度。確切進入那個狀態的方法不可能具體解釋，因爲那是恍惚狀態的效果，但你應該嘗試找出自己的方法。

這方法不像聽起來的那麼難。如果你在出神狀態下無法做到這一點，你可以試著在那個地方睡著，透過清明夢[22]進入它的靈界次元。

一旦你進入了靈界次元，去尋找當地的精靈。這些精靈的外表可能差別很大，但祂們總是處於生靈的中心。再次解釋你的情況，並詢問這個地方是否能安全地吸收你的傷害。大自然中的這些地方常常可以利用困擾我們的力量，在不傷害自身的情況下處理它們，就像處理食物一樣。對一種生物有毒的東西，並不是對一切生物都有毒的。如果祂們同意，把它獻給精靈並感謝祂們。一旦你回到正常的意識，你應該再獻供一次——不管是用你自己的話或是用第二章的獻供儀式。

療癒轉移和犧牲

在許多類型的民間魔法中，嚴重的疾病可以轉移到動物身上，然後獻祭。在胡督教中，這是用一隻雞來進行的。當疾病被引誘出來並進入雞的體內時，雞被拿來揉搓病人的身體。被稱爲「唐克里」（Jhankris）的尼泊爾薩滿巫師會用一顆雞蛋做同樣的事情——把蛋放在一個人身體受折磨的部位旁邊，然後透過擊鼓和唸誦療癒的心咒來引誘病人擺脫傷害。

你可以用蛋來自我療癒。要做到這一點，你必須虔誠地向神祈禱，呼喚靈魂之光進入你的身體。你可以使用召喚光柱的魔法來做這件事，或者簡單地想像一道白色的淨化光從無垠的太空降下來，通過你的頭頂進入你的身體，充滿了光，把身體和情感的疾病從你的身體趕走。拿一顆雞蛋向你的神靈祈禱。用雞蛋在自己的身體上摩擦，從頭部開始，向身體下方移動。這給了疾病一個去處，而不是在體內重新安頓下來。

當你完成後，你應該把蛋帶到某個地方，帶著敬意把它埋起來。就像你用了一隻本來過得不錯的活雞，把你的疾病帶進牠的身體裡，在這個過程中，牠犧牲自

㉒清明夢是指知道自己正在作夢，並且可以控制溝通交流的夢。

己，為你服務。即使只是一顆雞蛋，你也應該獻供給這個可能有生命的靈魂，並懷著敬意把它交託到大地上，讓疾病可以被吸收到大地母親那裡。

氣場療癒

當身、心和靈都是健康的時候，圍繞著一個人的能量光環就像一顆雞蛋，延伸出皮膚，向各個方向延伸幾英寸。魔法和超自然攻擊可以嚴重損害一個人的氣場，並導致其畸形。即使是一些去除疾病的療癒技術，如雞蛋療法，也會在能量場上留下一個洞——只是從皮膚上移除一個腫瘤，也會留下一個需要填補和癒合的疤痕。

重塑氣場最好的方法是找一個熟練的治療師或薩滿來幫你。然而如果需要的話，也有一些你可以自己動手的方法。要做到這一點，你需要建立一個足夠大的魔法圈，讓你能夠躺下而不觸及魔法圈的邊緣。

氣場修復儀式

從北邊角落開始。面朝外，召喚這個角落的力量：

我召喚北方的黑色公牛和夜之神。
群山和侏儒精靈的統治者，
玻瑞阿斯的君王，北方之風，
土元素所有力量的諸侯們，
我喚起祢們、召喚祢們。
我打開大門，召喚祢們進入這個魔法圈，
聚集並見證！

移動到東方並召喚：

我求告東方的鷹和破曉之神。

風的支配者和旋轉的風精靈，
歐洛斯的君王，東方之風，
祢們風元素力量的諸侯，
我喚起、召喚、呼求祢們。
我打開大門，召喚祢們進入這個魔法圈，
聚集並見證！

移動到南方並召喚：

我召喚太陽之獅和正午之神。
沙漠和狂奔魔靈的支配者們，
諾托斯的力量，南方之風，
我喚起、召喚、呼求祢們。

我打開大門，召喚祢們進入這個魔法圈，
聚集並見證！

移動到西方並召喚：

我召喚水元素的主宰和日暮之神。
深水潛流的水精靈的支配者們，
仄費洛斯的首領，西方之風，
和一切掌管水元素力量的諸侯們，
我喚起、召喚、呼求祢們。
我打開大門，召喚祢們進入這個魔法圈，
聚集並見證！

召喚完四方力量，你現在應該移動到魔法圈的中心，面向北方。你將圓指向北方而不是通常的東方，原因是你正與磁力範圍一起共事，而不是光明與黑暗的運動。召喚天與地的力量：

我求告翔天之鴿和深淵巨蛇。

我開啟了天空的力量！

我開啟了大地的力量！

我開啟了天堂的橋梁！

我打開了下部世界的橋梁！

我召喚天頂和天底的力量到魔法圈中來聚集和見證㉓！

將你的頭朝北，在魔法圈內躺下。

蒼穹的一切力量，
深淵的一切力量，
天邊的一切力量，
我都與祢們結盟。
願我的存在與祢們的存在和諧一致，
在上，如在下
如我所願！

躺在那裡一段時間，讓四方的力量在磁場上調整你的能量場。當你完成的時候，默默地離開魔法圈。沒有必要關閉這個魔法圈。

㉓這裡的意思是要連接天地的能量，以自己的身體作為能量流動的管道，把最高的天界力量與大地的力量都集中在這個魔法圈。如果單從字面意思很難理解，需要一些實際上的修練經驗才能了解這個隱喻。

這個儀式的力量在於古老的觀念，即人本身就是宇宙的鏡像，透過喚起宏觀宇宙，你的微觀世界將會與之相一致。每次我做這個儀式的時候，我都發現它令人驚奇地強大。它不僅需要在魔法攻擊後使用，也可以在你感到不平衡或生病的任何時候使用。

有一次當我在一個特別受傷的感情打擊後做這個儀式時，我驚訝地看到眞實的靈體從六個方向移動過來，並在我的氣場上運作來療癒我。我並不保證每個人都能得到這些結果，因爲這甚至不是儀式的既定目的，但我認爲這值得一提。

靈魂復原術

在受猶太教和基督教影響的西方，我們傾向於把靈魂看作是一個單獨的東西——你是你的核心，而不是把靈魂看作是由不同部分組成的東西。然而，並不是所有的文化都以同樣的方式看待它，而是把靈魂看作是存在於好幾個部分的東西，其中一些可以與自我的其餘部分分離，從而造成巨大的痛苦和許多情感、心理和精神問題。

例如在古埃及，一個人被認爲是由許多不同的部分組成的。除了「卡」（Kha，長音），也就是肉體，還有「卡」（Ka，短音）、「巴」（Ba）和「阿赫」（Akh）。Ka是一個人心理上的組成部分，是死後物質身體的類似形態，通常被束縛到較低的層面。Ba往返於天地之間，它們是被做來接收喪葬的供奉。Akh，也被稱爲Khu，與Kha完全相反，因爲它是最高的靈性和永恆的自我。

在西藏，他們說的是「南虛」（Namshe）和「布拉」（Bla）。南虛是一種從一個生命輪迴到另一個生命的意識，它承載著一個人的業力。布拉是一種情感構造，與這個特殊的轉世化身和小我連結更緊密。它會在特定的條件下離開身體，變得支離破碎、丟失或被盜。藏民有許多找回「布拉」的儀式，稱爲「臘谷」（La-gug）。

在海地的巫毒教中，靈魂也被視爲由兩部分組成：勾邦安（Gros Bon Anj）和帝邦安（Ti Bon Ang），分別翻譯爲「善良大天使」和「善良小天使」。

勾邦安是你死後前往天堂的部分，它最終與上帝相連。帝邦安有點像西藏的布拉，作爲一個獨立個體與你相連。和布拉一樣，帝邦安也可能丟失、破碎或被盜。在著名的活死人儀式（rites of zombification）中，帝邦安被捕獲並控制。

維多和寇拉・安德森（Victor and Cora Anderson）所著的《菲利傳統巫術》（*Feri Tradition of Witchcraft*）將靈魂分爲三部分，分別是附著體（Sticky One）、耀光體（Shining Body）和聖靈（Paraclete）。附著體是動物和兒童的本性，這在某種程度上符合佛洛伊德的本我。耀光體是智力和精神能力，從理性和邏輯延伸到心靈和能量層次。聖靈是純潔的靈魂，代表著你自己的神性，將你與祖先、神和宇宙作爲一個整體聯繫在一起。

西元七世紀，一首來自愛爾蘭吟遊詩人的詩歌《詩之釜》（Cauldron of Poesy），講述了凱爾特傳統中構成靈魂的三個大鍋。多重構造的靈魂也遇到了赫爾墨斯（Hermetics）、卡巴拉和蘇菲主義。無論你歸屬於靈魂人類學（字面意思是研究人類的構成）的哪個體系，大多數人都同意，自我的某些方面是可以與其他部分分離的，因此如果人格角色要重新變得完整，就必須重新找回它。

一般來說，靈魂會透過三種方式之一來分離。它可以因創傷或震驚而動搖，可以因羞愧和內疚而嚇跑，也可以藉由一些神祕的手段被偷走。這三種情況中的每一種都需要一種不同的補救方法來將靈魂帶回，與自我的其餘部分一同歸位。靈魂復原是一項複雜的工作，就像驅魔一樣，最好留給該領域的專家來做。不幸的是，這一領域的專家少之又少，但你至少應該知道一點——在這三種情況下需要做些什麼。在這裡，我將談到如何爲他人復原靈魂。如果你覺得你需要完成靈魂復原，那麼你必須讓另一個人來爲你做這件事，因爲你沒有辦法去做這項工作。這就是該工作的本質。

當靈魂因創傷或休克而動搖時，情況的嚴重程度可能不同，這與創傷的嚴重程度和持續時間直接相關聯。例如，一個靈魂可以被短暫而尖銳的身體疼痛動搖，就像你可能在車禍中經歷的那樣。它也可能是由情感衝擊引起的，比如當你發現你的愛人離開了你，或者一個家庭成員意外去世。如果你曾經經歷過伴隨這些經歷而來的迷失方向和麻木，你就會知道暫時失去你靈魂的一部分是什麼感覺。值得慶幸的是，這種效果通常是暫時的，靈魂在附近徘徊，直到被自然吸引回身體。

如果靈魂沒有自動返回，最好的方法就是讓宿主的身體儘可能地放鬆和無憂無慮，這樣，靈魂就會發現它是最理想的地方。包括按摩和吃大餐等令人感官愉悅的儀式都可以用來試圖將靈魂吸引回來。

長期的創傷會導致更可怕的情況。長期遭受虐待的戰俘或兒童不太可能讓他們的靈魂徘徊在附近，等待回歸。在這種情況下，靈魂通常躲在它丟失的地方附近。通常是在水邊或一棵高大的樹旁，因爲這些原始的景色能安撫我們的靈體。在這種情況下，巫師必須先儘可能地修復對身體造成的任何心靈和能量傷害，就像第297～301頁的氣場修復儀式一樣。在這種情況下，病人也應該受到心理保健專業人員的照護，他們可以處理由創傷引起的心理問題，這也將使身體準備好接受回歸的靈魂。

在這種情況下，眞正找回靈魂比讓受害者放鬆要困難得多。在此情況下，巫師必須依靠眾神和他或她的靈界盟友來尋找靈魂並將其引領回來。另一方面，巫師必須在他們自己的靈界旅行中尋找靈魂，並要求祂回來。如果你有能力這樣做，並且你找到了靈魂，你只要把祂抱在懷裡，回到你自己的身體裡。只要伸出你的手，輕輕吹回你手中的靈魂，這靈魂就可以回到祂的主人那裡。

在某些情況下，靈魂因爲一些巨大的恥辱或內疚而被驅逐。這個問題最艱難的部分是要處理肇因。往往是某些不道德的行爲，在此人的理性頭腦中被認爲是正當的，但其內心深處卻深惡痛絕。這個衝突已經把靈魂從身體裡趕了出去，因此在靈魂復原之前，這個衝突必須得到解決。一般來說，這可以透過兩種方法之一來實現：一種是這個人坦白並接受自己的行爲，從而意識到自己深深的感覺是正確的，而他做錯了；或者，這個人意識到這種行爲根本不是不道德的，他內心深處的反應是出於社會薰陶，而不是眞正的是非觀。例如在第一種情況中，一個人在沒有挑釁的情況下毆打或殺害了別人，他可以用各種方法爲自己辯護，但他內心深處知道這是一種不道德的行爲。這個人將需要懺悔並接受這一切，以復原他的靈魂。

在第二種情況下，從事同性戀性行爲的人可能理性地知道這在道德上並沒有錯，他只是按照自己的自然傾向行事，但仍受到深刻的宗教和社會制約的影響，這些制約告訴他，他正在犯下滔天罪行。在這種情況下，爲了使自我變得健康，能夠接受靈魂，深層的心靈必須與理性的思考相契。在解除內疚或羞愧之後，靈魂可以完全以前述的同樣方式復原。

我想再次指出，我不是精神病學專家，而除非你是，否則因爲強烈的內疚和羞愧而丟失魂魄的人應該由專業人士來照顧。不要假裝成自己不是的人，否則你造成的問題會比你解決的問題更多。

在最後一種情況下，靈魂被另一個巫師或魔法師偷走，這麼一來，我們就確實有了一個非常嚴重的問題。你必須找到他的靈魂，用強制的力量奪回。因爲從事這類魔法的魔法師通常必須將靈魂束縛到一個物體上，如果你知道是誰偷了祂，你就可以去尋找，並找回那個物體。你用什麼方法來做這件事，取決於你，並且可以涉及第七章中提供的各種消耗型魔法的方法，或者更大量的方法。我想說的是，我在這本書中寫的東西並不是爲了鼓勵違法活動，所以如果你覺得自己被迫進入別人的寺廟或神殿尋找靈體陷阱，那是你的責任。

如果你無法找到保存靈魂的地方，或者不知道誰擁有祂，祂仍然可以透過向神懇求而得到復原。你必須代表受折磨的人向你的神請願，謙卑而坦率地要求祂們找回並復原靈魂，即使這會爲偷走靈魂的人帶來傷害或死亡。

比如，如果你和黑卡蒂女神合作，你可以用下面的加持法：

我向有諸多名字的眾神之母致敬，
祂的兒女都是美麗的。
我召喚偉大的黑卡蒂女神——門檻的女主人，
世界之鑰的持有者，
我向三岔路的主人伊諾迪亞致敬，
下部世界，黑夜與煉獄的那一位，
祢狂野不羈地穿越墳地與火葬場，

身披藏紅花外衣，綴以橡樹葉和盤繞的蛇，
成群的鬼魂、狗與永不安寧的靈魂跟隨著祢，
但祢同時也是光輝奪目的蒼穹國度女皇。
我來向祢尋求幫助。
冥府的黑卡蒂女神，巫術女王，
有一個靈魂被不正當地偷走了。
祢是約束力量和巫術的最高主宰者，
祢頭披蛇髮，腰繫蛇帶，腹中包著蛇鱗，
我來找祢討公道！
祢比世間任何巫師都偉大，
當祢用祢的雙重火炬之光帶領冥后狄蜜特穿過冥界，
祢便將靈魂帶回（受害者的名字）身上，
守城者（Propolos），把靈魂帶回祂的家。

衛城山門（Propylaia）[24]，保護祂免受進一步的危險和破壞。
晨之星，用祢的雙重火炬照亮道路。
庫洛德洛波絲（Kourotropos）[25]，把靈魂交給（受害者的名字），
就像把孩子交給他的母親一樣。
當祢歸來時，我們將歡欣鼓舞並歌頌祢。
我向有諸多名字的眾神之母致敬，
祂的兒女都是美麗的。
我召喚偉大的黑卡蒂女神——門檻的女主人，
世界之鑰的持有者。

[24] 原意是靈魂之家的門。
[25] 希臘保護年幼者的神祇。

如果黑卡蒂女神成功了，你和病人都應該向祂供奉祭品，在這本書的其他地方有描述祭品的內容。

無論丟失魂魄的原因和情況是什麼，我想再次敦促你，應該在用盡所有其他選擇後才親自嘗試收魂。如果你也能契合客戶的三觀來工作，那是最好的。一個練習胡督巫術並相信波哥偷走她靈魂的人，會對洪安（Houngan）或滿婆（Manbo）㉖使用的方法做出最好的反應。喇嘛使用的方法對佛教徒的影響最大。一個基督徒會對神父或牧師使用的方法做出最好的反應。所有這些專業人員所接受的培訓遠遠超出了一本簡短的書所能提供的範圍。

一個聰明的巫師知道自己的極限，並只做份內之事。

㉖以上是胡督教男女祭司的稱謂。

9

結語

我已經說過，魔法、心靈和靈界攻擊發生的頻率甚至比大多數神祕主義者願意承認的還要高。我會更進一步地說：它們每天都在發生，並且發生在每個人身上。它們不僅由被冒犯的靈體和心存不良的魔法師發起，也由大公司和政黨發起。一個魔法的符印在哪裡結束，而一個公司的標誌從哪裡開始呢？在銷售行爲中，神經語言程序學的使用在哪裡用不上，而魔法束縛在哪裡開始用上呢？在歷史的這個時刻，最先進的精神操縱和催眠技術正用來對付你們，好控制你的行爲、你買什麼東西和你的想法。如果你不認爲這是魔法，那麼再好好想想吧。

這本書中包含的方法，希望不僅能作爲抵禦古代咒語和詛咒的盔甲，並且還能抵禦這些更被接受、但在許多方面更陰險的制約和控制模式。特別是，我希望日常的三個練習：驅逐儀式、冥想和獻供，能使你改變得夠多，讓這些力量開始失去控制。重新吸引你的注意力也許是當今世界上最具革命性的行爲，本書中的所有技巧都可以作爲實現這一目標的工具。

至於這本書主要關注更傳統的超自然攻擊，我試圖提供一個有用的調查，涵蓋了許多不同的實踐模式。一些傳統主義者會指責我的方法過於折衷。那些習慣儀式魔法的人可能會被民俗巫術嚇跑。那些喜歡胡督巫術的人可能不會對觀想技巧產生共鳴。那些期待一本關於標準現代威卡魔法書的人可能會對我寫的幾乎一切內容興趣缺缺！

我選擇兼收並蓄是有原因的。我們不再生活在純粹的傳統文化中。現代的通訊和旅行方式使世界比以前小得多。一位聖徒信仰的祭司或秘魯薩滿巫師與猶太卡巴拉導師或英國女巫相遇的機會，在現在是非常貼近現實的。事實上，它一直在發生。我並沒有特意去尋找任何一個人。我接觸了一個玫瑰十字會的老師、一位根源工作者、一位聖徒信仰女祭司、一位佛教上師，以及幾個不同的巫術崇拜者，他們都在紐澤西中部，而且都是在我二十歲之前接觸的。

這些不同的魔法傳統各自強調不同的要點，對一種魔法有效的防禦不一定對另一種有效。那些只依賴黃金黎明的小五芒星驅逐儀式或東方聖殿騎士團的星紅寶石儀式的人，可能會發現他的防禦很容易被某人在他的鞋子裡放置煙霧粉而破功。同樣的，過分依賴紅磚粉和護身符的人可能會發現自己很容易受到儀式魔法師召喚的蓋提亞惡魔攻擊。

巫術在許多不同的層面上工作：物理和接近物理的以太層面、星光層和能量層，以及精神層面和純粹的神聖層面。不同領域的魔法傳統強調不同的層次。例如，胡督魔法和其他類型的民間魔法非常強調材料層面的使用，如粉末和符咒，也非常強調神聖層面，如使用祈禱來聖化這些物品。胡督不太關注能量和星光層面，但這並不是說它根本沒影響到這些層面。與此同時，儀式魔法則非常強調能量層次的影響，這可以在儀式中看到，如五角星或六角星被描繪在半空中；除了儀式的工具，它不像民間巫術那樣關注物理效果。在這個世界中，你不需要走多遠就能遇到任何類型的魔法修練者，所以有必要在所有這些層面上保護自己。

儘管如此，我不希望我的折衷主義被認爲是業餘的，因爲有這麼多的現代折衷主義作品傾向於這樣做。爲此，我在附錄中加入了一些資料，以便在各自的框架和文化環境中進一步研究不同的傳統。我從每一種傳統中得到啓發並接受了相當正統的訓練，我想在各自的背景下對每一種傳統表示敬意和尊重。

這裡所介紹的方法應該足以讓你識別，並對你可能遇到的任何類型的神祕攻擊進行防禦。然而，仍然存在著這樣一種可能性：無論你做什麼，你都可能被猛烈攻勢所壓倒、不知所措，或者只是面對一些比你更有力量和經驗的人或事。如果你發現你的防禦崩潰了，向團體或專業工作者尋求幫助並不是什麼可恥的事。

如果你確實尋求外人幫助，應確保你所求助的人在社群中有良好的聲譽，並且擅長他們所做的事情。如果你需要的是一位專業人士，那麼要確保他或她不會爲其服務向你收取過高的費用。根據具體情況，合理的費用有所不同，你應該準備好支付與其他專業人士（如醫生）類似的費用。如果專家要價成百上千美元，卻沒有任何跡象表明他們確實在做事，那麼你應該立即切斷聯繫，去別處找幫手。一些通靈者靠著讓人們相信他們被詛咒並收取過高的費用來解除詛咒爲生。

讀者會注意到，這本書對某些情況提供了特定的咒語，而對其他事情只提供了一般性的指導。這是因爲我不僅希望提供防禦咒語的文法，我還希望提供一個可供任何人在任何情況下使用的整體策略和框架來應對攻擊。在爲我自己、我的朋友和我的客戶工作時，我從來沒有遇到過完全相同的情況兩次，所以，我希望我的讀者能夠使用這個指南來設計一個量身打造的防禦模式，以便處理他們可能遇到的任何攻擊。

魔法攻擊是一件很可怕的事。當巫師和魔法師們愈來愈否認這個事實時，該怎麼辦呢？當那些聲稱要訓練人們使用巫術的書甚至沒有提到任何關於詛咒和攻擊的具體內容時，讀者怎麼知道該如何進行防禦呢？

在世界上有前所未有數量的人，被拉著穿越巫術和魔法書的迷宮，我希望這本書可以填補這些書在實戰上的漏洞，爲那些遇上麻煩事的人提供一個資源。

我即將完成本書時正值聖燭節，這是有意義的。聖燭節是人們在黑暗中點燃蠟燭的傳統節日。如果這本書能像蠟燭一樣爲少數人驅散疑惑、困難和危險，那麼它的目的就實現了。

願一切有情具一切樂及樂因，

願一切有情離一切苦及苦因，

願一切有情不離無苦妙樂，

願一切有情遠離親疏貪瞋住平等捨。[27]

——無名之輩

於二〇〇六年聖燭節

[27] 這是藏密的四無量心祈禱文。

【附錄一】

進階研究資源

正如我所承諾的，這裡有一個書籍和網站的列表，提供了書中涉及的實踐和傳統的進一步資訊。這些資訊絕不是全面的，因爲這本書是銜接那些已經經過了入門階段的人，一般資料只是意味著強調那些經常被忽視或在開始學習時特別有價值的來源。

書籍

巫術

- 保羅・胡森（Paul Huson），《精通巫術》（*Mastering Witchcraft*）。佩勒葛林出版（Perigree Press），一九八〇年。

這本書是我第一次接觸到非威卡教派的巫術，是一本卓越的入門書，在儀式魔術和胡督巫術的影響下操作巫術。

- 安德魯·查布利（Andrew Chumbley），《阿梭夏書》（*The Azoetia*）。木雕神像出版（Xoanon Publishers），一九九二年。

這是一本貨眞價實的魔法書，是非常限量的護身符版本，一個神祕安息日崇拜（Cultus Sabbati）的產物。

- 奈傑爾·傑克森（Nigel Jackson），《暴政的面具》（*Masks of Misrule*）。卡帕爾·班出版（Capall Bann Publishing），二〇〇一年。

一本關於女巫之神的書。傑克森利用許多不同的來源，描繪了一幅引人注目的女巫之神圖畫。

- 羅伯特·科克倫（Robert Cochrane）和約翰·瓊斯（John Jones），《叢林裡的紅鹿》（*The Roebuck in the Thicket*）。卡帕爾·班出版，二〇〇二年。

這是羅伯特·科克倫的書信和教導的集結，他是圖巴爾·該隱（Tubal Cain）家族的魔導師，書中詳細介紹了一種他聲稱是傳統和前加德納威卡的巫術風格。

- 索倫·寇伊（T. Thorn Coyle），《進化的巫術》（*Evolutionary Witchcraft*）。塔區／企鵝出版（Tarcher / Penguin），二〇〇四年。

第一本讓人一瞥維多和寇拉·安德森的菲利傳統巫術之書。

- 朵琳·瓦連特（Doreen Valiente），《巫術的重生》（*Rebirth of Witchcraft*）。鳳凰社出版（Phoenix Publishing），一九八九年。

關於威卡巫術從哪裡誕生的第一手細節，由在場者撰寫。這本書被太多人忽視了。

- A·O·史貝爾（A.O. Spar），《佐斯的生命魔典》（*Zoetic Grimoire of Zos*）（n.p.）

這是另一種對當前巫術的不同看法。史貝爾有時被認爲是混沌魔法的鼻祖，他對這門巫術的貢獻有時會被忽視。

儀式魔法

- 亞倫·利奇（Aaron Leitch），《魔法魔典的祕密》（*Secrets of the Magickal Grimoires*）。盧埃林出版（Llewellyn），二〇〇五年。

一本注定會成爲經典的書。它從薩滿關係的角度解釋了所羅門的傳統，並詳細說明如何按照魔法書中描述的方式進行操作，而非按照黃金黎明和後來的衍生作品操作的方式。

- 亨利·科尼利厄斯·阿格里帕（Henry Cornelius Agrippa），《神祕哲學三書》（*Three Books of Occult Philosophy*）。克辛格出版（Kessinger Publishing），一九九七年。

很多現代儀式魔法都來自於這三本書，我甚至不知道該從哪裡開始描述它們。

- 唐納德·邁克爾·克雷格（Donald Michael Kraig），《現代魔法：高等魔法藝術的十一課》（*Modern Magick: Eleven Lessons in the High Magickal Arts*）。盧埃林出版，一九八八年。

這本書將會解開所有關於克勞利或黃金黎明的故事。

- 弗朗茨·巴登（Franz Bardon），《進入赫爾墨斯的啓蒙》（*Initiation into Hermetics*）。默克出版公司（Merkur Publishing Co.），二〇〇一年。

在我爲身、心、靈編寫自己的訓練計畫之前，這本書才被稱爲眞正發展魔法師力量的最佳方法，而不僅僅是做儀式。

- 漢斯·戴特·貝茲（Hanz Deiter Betz）（編者），《希臘魔法紙莎草翻譯》（*Greek*

Magical Papyri in Translation），第二版。芝加哥大學出版（University of Chicago Press），一九九七年。

起源於西元前二世紀至西元五世紀希臘—羅馬時期埃及的一批魔法咒語和儀式。

胡督信仰

- 哈利．M．海厄特（Harry M. Hyatt），《胡督—魔法—根源工作》（*Hoodoo - Conjuration - Witchcraft*）。西方出版社（Western Publishers），一九七〇年。

  在一九三〇和四〇年代對數千位根源工作者進行採訪的五卷選輯。

- 凱瑟琳．伊隆沃德（Catherine Yronwode），《胡督藥草和草根魔法》（*Hoodoo Herb and Root Magick*）。幸運魔咒古玩公司（Lucky Mojo Curio Co.）。

  無庸置疑地，幸運魔咒古玩公司和 www.luckymojo.com 都有關於胡督信仰最全面的書。

- 佐拉．尼爾．赫斯頓（Zora Neal Hurston），《騾子與人》（*Mules and Men*），修訂版。哈珀．佩倫尼歐出版（Harper Perennial），一九九〇年。

  本書敘述了這位著名作家在美國南部跟隨根源工作者學習的經歷。

巫毒

- 唐納・J・寇森提諾（Donald J. Cosentino）（編輯），《海地巫毒教的神聖藝術》（*Sacred Arts of Haitian Vodou*）。加州大學洛杉磯分校/佛勒（University of California L.A. / Fowler），一九九五年。

  這是本藝術鉅冊，提供了眞正的海地巫毒教法術的印象，無人能出其右。

- 路易斯・馬提內（Louis Martiné）和莎莉・安・格萊斯曼（Sally Ann Glassman），《紐奧良巫毒塔羅牌》（*New Orleans Voodoo Tarot*）。天命圖書（Destiny Books），一九九二年。

  一套塔羅牌加一本書，詳細描述了紐奧良的一種特殊的巫毒教，它與海地的做法有很大的不同。

- 麥洛・里戈（Milo Rigaud），《巫毒信仰的祕密》（*Secrets of Voodoo*），修訂版。城光出版（City Lights Publishers），一九八五年。

  一本關於海地巫毒教的經典之作，包含了許多徽徽、咒語和頌歌。

- 卡倫．麥卡錫．布朗（Karen McCarthy Brown），《羅拉媽媽》（*Mama Lola*），更新兼擴充版。加州大學出版（University of California Press），二〇〇一年。

  詳細介紹紐約海地信仰療癒師滿婆的生活和法術。

混沌魔法

- 彼得．卡羅爾（Peter Carroll），《自由的無效化與心靈探索》（*Liber Null & Psychonaut*）。偉瑟圖書（Weiser Books），一九八七年。

  「死神與愛神之光照者」（Illuminates of Thanateros）創始人所著的一本混沌魔法書。雖然我並不完全同意書中的所有觀點，但它對魔法有可貴的前瞻性。

- 菲爾．海恩（Phil Hine），《混沌魔法集錦》（*Condensed Chaos*）。新獵鷹出版社（New Falcon Publication），一九九五年。

  對於混沌魔法來說，就像現代魔法之於儀式魔法一樣，這是一把打開理解之門的鑰匙。

- 格蘭特．莫里森（Grant Morrison），《無形界》（*The Invisibles*）。維提戈出版社（Vertigo）。

  好吧，這是一個漫畫系列。如果你不能說服自己這一點，那你就無法理解混沌魔法。

西藏與尼泊爾魔法

• 約翰・默德辛・雷諾茲（John Myrdhin Reynolds），《金色書信集》（*The Golden Letters*）。雪獅出版社（Snow Lion Publications），一九九六年。

這是我讀過最好的關於大圓滿法的導讀。我認爲大圓滿是所有冥想方法中的佼佼者。

• 南開諾布仁波切（Namkai Norbu），《水晶與光道》（*Crystal and the Way of Light*）。企鵝出版社（Penguin），一九八八年。

世界上最受尊敬的大師之一對大圓滿法的偉大觀察。

• 嘉楚仁波切（Gyatrul Rinpoche），《生起本尊》（*Generating the Deity*）。雪獅出版社，一九九六年。

這本書就如何以容易理解的方式進行譚崔禪修，給予了詳細的説明。

• 馬丁・博德（Martin Boord），《來自藍天的閃電》（*Bolt of Lightning from the Blue*）。霍爾東版本（Edition Khordong），二〇〇二年。

關於西藏普巴杵最全面的書。

- 查格杜德・祖古（Chagdud Tulku），《佛教實修的大門》（*Gates to Buddhist Practice*），修訂版。貝瑪出版社（Padma Publishing），二〇〇一年。

  這是爲那些不熟悉藏傳佛教的人準備的優秀入門書。

- 蘇倫德拉・巴哈杜爾・沙希（Surendra Bahadur Shahi）、克里斯蒂安・雷奇（Christian Rätsch）、克勞迪婭・穆勒—埃伯林（Claudia Müller-Ebeling），《喜瑪拉雅的薩滿教與譚崔》（*Shamanism and Tantra in the Himalayas*）。內在傳統（Inner Traditions），二〇〇二年。

  很棒的書，裡面有很多照片，詳細介紹了尼泊爾薩滿教及其相關習俗。

- 約翰・米登・雷諾茲（John Myrdhin Reynolds），象雄翻譯計畫（The Bonpo Translation Project），多家出版社。

  一系列關於苯教的書籍，苯教是西藏本土的宗教。

推薦網站

www.tantrickery.com

這是我自己的網站，你可以查看我的教學時間表，看到我提供的服務，或直接寄電子郵件給我。

www.vajranatha.com

約翰·默德辛·雷諾茲不僅是一名翻譯，還是一位大圓滿法門的受戒瑜伽士。他的網站上有許多有趣的文章，特別吸引那些對西藏魔法有興趣的人。

www.luckymojo.com

凱瑟琳·伊隆沃德在這個網站上有比其他網站加起來更多的胡督魔法相關資訊。

www.drkioni.com

一個在佛羅里達的專業根源工作者凱歐尼博士（Dr. Kioni）的網站，他有卓絕的聲譽，並且主持胡督根源工作廣播節目時段。

www.hermetic.com

一站式的網站，有儀式魔法、赫耳墨斯法則和各種神祕學的好東西。

www.sacred-texts.com

驚人的資源，免費提供來自世界各地的神聖禱文。

www.thelesis.com

東方聖殿騎士團的特勒希斯營專屬網站，該網站出版《神佑》（*Behutet*）季刊，我經常爲其撰稿。

www.esotericarchives.com

暮光岩洞檔案館的首頁，其中包含了大多數著名的魔法書和其他經典魔法作品。

www.voodoospiritualtemple.org

女祭司米莉安（Miriam）的網站，她的聖殿在紐奧良的藍巴特街（Rampart Street）。這是一個很好的紐奧良巫毒的資源。

【附錄二】

關於黑卡蒂女神

黑卡蒂是一個非常神祕和被誤解的女神。大多數人對祂的看法往往是固定僵化的，由祂在莎士比亞《馬克白》中的出現就是最好的例證——作爲黑暗和黑魔法的女神。最近，新異教徒試圖清除這個邪惡的名聲，但不幸的卻更加遠離眞相，把祂描繪成一個憔悴的月亮女神。儘管黑卡蒂在某些階段被任命爲一個黑魔法女神，並且在後來的羅馬形象中與月亮連結在一起，但祂從來沒有被描繪成一個老太婆。事實上，黑卡蒂總是被描繪成一位年輕的女神。

黑卡蒂這個名字有很多涵義，最被接受的是遠方（Far Darting）或彼方（Far Removed）。黑卡蒂被認爲是來自安納托利亞或卡里亞的東方偉大女神。祂第一次出現是在希臘文學《神譜》（*Theogony of Hesiod*）和《狄蜜特女神頌》（*the Hymn to Demeter*）中，祂根本不是月亮或黑暗女神，而是一個持光者和守護者。《神譜》將祂描述爲一個站在眾神這邊的泰坦神，因此被賦予了許多力量和管轄範疇，比如遊戲女神和保母女神。在《狄蜜特女神頌》中，祂的本質幾乎像太陽一般。事實上，當祂目睹普西芬尼（Persephone）被帶進冥界的時候，祂和太陽神海利歐斯在一起。祂用祂的雙重火炬照亮了狄蜜特女神進入冥界的道路。

祂遠非一位老嫗，那是因爲祂年輕的模樣，人們相信祂會代替那些爲保護城市免受傷害而犧牲的年輕女性。阿伽門農（Agamemnon）的女兒伊菲革涅亞（Iphigenia）就是這樣的例子，祂在希臘艦隊前往特洛伊的途中犧牲了自己。祂在最後一刻拖住他們，使年輕的婦女免於死亡的痛苦。

大約從西元前五世紀開始，黑卡蒂開始發展祂的冥府地下世界元素以及祂與巫術的連結。有些人認爲祂是色薩利（Thessaly）的費萊（Pherai）女神，也被稱爲伊諾迪亞，表示祂是十字路口的女神。除了祂年輕的人類外型之外，祂在一些文學作品中還以獸首的形式出現，如獅子、蛇和狗。由於祂與十字路口的關係，以及祂對那些在祂們時代之前死去女性的幫助，使祂得到了巫術和死亡女神的名聲。祂經常在希臘魔法紙莎草紙和著名的詛咒銘文中被召喚。

在西元二世紀，祂出現在《迦勒底神諭》中。身爲一位卓越和神祕的女神，幾乎沒有任何祂和冥府之間的關係還在當中。祂是第一個父親哈德（Had）的妻子，也是第二個父親哈迪特（Hadit）的妻子，因此同時是顯化和非顯化的。

祂被稱爲本書的保護者，因爲祂被認爲是一位用於防禦和進攻魔法的女神——既是光明女神，亦是黑暗女神。祂的形象被稱爲赫卡泰安（Hekataion），作爲一種防禦護身符曾經非常流行，阿里斯托芬（Aristophanes）在劇本《黃蜂》（*Wasps*）中提到祂出現在雅典的每一扇門上，因此祂是一位絕佳的保護者。祂更黑暗和邪惡的一面經常被那些尋求正義的人援用，因此祂是一個理想的女神，可以進行逆轉和消耗型魔法的運作。

有興趣想更了解祂的人應該看看以下書籍：

- 斯蒂芬·羅南（Stephan Ronan）的《女神黑卡蒂》（*The Goddess Hekate*）。
- 羅伯·馮（Rober Von）的《古希臘宗教中的黑卡蒂女神》（*Hekate in Ancient Greek Religion*）。
- 雅各布·拉比諾維茨（Jacob Rabinowitz）的《腐朽的女神：古典時期巫師的起源》（*Rotting Goddess: The Origin of the Witch in Classical Antiquity*）。

致謝

首先，我要感謝我的妻子在我寫這本書的過程中的耐心與鼓勵。我要感謝我的家人，因爲他們在一個有利於學習巫術的環境中養育了我，無論我的追求看起來有多奇怪，也不管我在求道中走了多遠，感謝他們總是在我的神祕學追尋中鼓勵我。

感謝我的所有啓蒙者、導師、老師、朋友，以及他們向我透露巫術祕密的消息來源。特別感謝以下名單：約翰・米爾敦・藍諾（John Myrdhin Reynolds）、南開諾布仁波切（Namkhai Norbu）、羅朋丹增南達（Lopon Tenzin Namdak）、康參多傑仁波切（Kunzang Dorje Rinpoche）、克利夫和米莎・波利克（Cliff and Misha Pollick）、凱瑟琳・伊朗沃德（Catherine Yronwode）、陶・南密瑟（Tau Nemesius）、保羅・修恩（Paul Hume）、旺度仁波切（Lama Wangdor）、佛蕾特・珊西雅（Frater Xanthias）、麥特・布朗里（Matt Brownlee）、阿佛列・維塔

利（Alfred Vitale）、B・詹德爾（B. Gendler）、艾爾・比林斯（Al Billings）、布蘭琪・庫柏納（Blanch Krubner）、吉姆博士、霍華與艾咪・沃金（Howard and Amy Wuelfing），以及蘇珊・法沃諾（Susan Vuono）。

我還要感謝費城的東方聖殿騎士團（Thelesis Oasis）、老蛇幫（Old Snake Cabal）、冥府奧拉曼神廟（Chthonic Auranian Temple）、神聖土地兄弟會（Terra Sancta Sodality）、狂野狩獵俱樂部（Wild Hunt Club）和佐奴坎修行者（Ngakpa Zhonnu Khang）的所有成員，感謝他們一直以來的友愛與支持。

最後，我要感謝在本書中以及本書寫作過程中所召喚的諸多神靈。我特別要感謝力高爸老爹（Papa Legba），祂祝福了這部作品，並且在寫作期間開啓了許多扇門；以及黑卡蒂女神——這本書的女主人。

國家圖書館出版品預行編目（CIP）資料

魔法防禦術：除咒、護盾、逆襲，打開個人能量護罩 / 傑森．米勒 (Jason Miller) 著；Sada 譯．-- 二版．-- 新北市：橡實文化出版：大雁出版基地發行，2025.09
面；　公分
譯自：Protection & reversal magick : a witch's defense manual.
ISBN 978-626-7604-87-8(平裝)

1.CST: 巫術

295　　114009563

BC1108R

魔法防禦術：除咒、護盾、逆襲，打開個人能量護罩

Protection & Reversal Magick: A Witch's Defense Manual

作　　者　傑森・米勒（Jason Miller）
譯　　者　Sada
責任編輯　田哲榮
協力編輯　劉芸蓁
封面設計　斐類設計
內頁構成　歐陽碧智
校　　對　蔡昊恩

發 行 人　蘇拾平
總 編 輯　于芝峰
副總編輯　田哲榮
業務發行　王綬晨、邱紹溢、劉文雅
行銷企劃　陳詩婷
出　　版　橡實文化 ACORN Publishing
地址：231030 新北市新店區北新路三段 207-3 號 5 樓
電話：（02）8913-1005　傳眞：（02）8913-1056
網址：www.acornbooks.com.tw
E-mail 信箱：acorn@andbooks.com.tw
發　　行　大雁出版基地
地址：231030 新北市新店區北新路三段 207-3 號 5 樓
電話：（02）8913-1005　傳眞：（02）8913-1056
讀者服務信箱：andbooks@andbooks.com.tw
劃撥帳號：19983379　戶名：大雁文化事業股份有限公司

印　　刷　中原造像股份有限公司
二版一刷　2025 年 9 月
定　　價　520 元
I S B N　978-626-7604-87-8